発達障害

思春期からのライフスキル

平岩幹男

新書 908

まえがき

思春期という言葉がいつから使われるようになったのか、いろいろ調べてみましたが、よくわかりません。どうも明治時代ごろに青春期という言葉に対して、その前という意味で使われだしたようです。青春という言葉は中国の陰陽五行説《いんようごぎょうせつ》に由来する春の意味であり、人生の春ということから青春という言葉が使われるようになったようです。

思春期がいつごろなのか、わが国では男子では声変わりや精通《せいつう》が、女子では月経(生理)が始まる、身体的な面を中心として10歳から15歳ころを中心として考えられていました。英語では puberty すなわち pubic hair(陰毛)が生えてくる時期とされていました。しかし思春期には体の問題だけではなく、心や社会性などいろいろな面が大きく変化してきます。

精神科医であった米国のジョージ・エンゲル(George Engel)は１９７７年に身体心理社会モデル(bio-psycho-social model)という概念《がいねん》を提唱《ていしょう》しました[1]。体と心と社会を総合的に考えるという考え方であり、医療や保健の世界でも、健康を bio-psycho-social の問題として考えることが増えてきました。

思春期には体の問題だけではなく、心や社会の問題を抱えることがしばしばありますので、最近では思春期を10歳ころ～21歳ころまで広げる考え方も広まりつつありますし、最近では英語でもギリシャ神話のアドニス(Adonis)に因《ちな》んでアドレッセンス(adolescence)と呼ばれています。思春期を過ぎて成人期の自立に至るまではいろいろな課題に遭遇《そうぐう》しますが、発達障害を抱えていればなおのことbio-psycho-socialという考え方を大切にしていきたいと思います。適切な知識を得ることと必要なトレーニングをすることで、少しでも暮らしやすくなることを願っています。

さて発達障害という言葉は、今では新聞にもテレビにもインターネットでもしばしば目にしたり耳にしたりする言葉ですが、それが何なのかと聞き返してみるとかえってくる答えは人によってさまざまです。それもそのはずで、たとえ発達障害を抱えていたとしても、一人ひとり違います。１００人いれば１００通りです。

ただ発達障害という診断を受けたり、もしかしたら自分が発達障害を抱えているかもしれないと思ったり、発達障害について少し知っておきたいと思ったりした時には、これからのお話に目を通していただければ幸いです。

目次

イラスト：藤原ヒロコ

発達障害　思春期からのライフスキル

1 障害とは何か

障害という言葉は「障」すなわち困りごとが「害」をなすというように思われるかもしれませんが、もともとは障碍という言葉であったものが、「碍」が当用漢字にないことから「害」が使われるようになったいきさつがあります。そうしたことから「障害」「障碍」「障がい」「しょうがい」などいろいろな表記をされることがありますが、この本では現在の法律用語である「障害」の表記にしています。

文字を持たなかった古代には、文字が読めない障害はありませんでしたし、都会でそれを行えば障害とみなされるかもしれませんが、山の中であれば獣《けもの》と戯《たわむ》れたり、丸太を振り回したりしても障害とは考えられないと思います。忘れ物をしても「まあいいか」と言ってもらえれば障害ではないかもしれませんが、厳しく指摘されたり罰を与えられたりして落ち込んだりするようでは障害になるかもしれません。このように社会生活を送る上で個人個人に何が求められるかということが、時代や社会によって変わってくることから障害の定義やそれに対する扱いも変わってくることになります。

社会生活を送る上で困難を抱えることを障害と呼ぶのだとすれば、その困難の原因となる症状があります。たとえば交通事故で片足全部を失ったとすれば、身体障害の2級に認定されますし移動も容易ではなくなります。しかし義足をつけることによって歩いたり走ったりすることがもしできるようになったとしたら、失った足は戻ってきませんが、日常生活を送る上での困難さは大幅に減少します。一方で義足をつけないで松葉づえでがんばって移動を続けていると腰や肩を痛めてしまうかもしれません。

障害は、法律上は身体障害、知的障害、精神障害の3障害と指定難病[2]があり、それが適切かどうかは別として、発達障害は精神障害の中に位置づけられています。あとでもお話ししますが、障害に対しては社会的な支援を受ける手続きや配慮を受けることができます。

障害の原因となる症状がある時に、その症状を消し去ることができる方法もあります。たとえば細菌による重い感染症などでは抗生物質が有効な場合もあります。しかし多くの場合にはそうはいきません。症状を消し去ることができなくても、義足のように困難を補う方法を使うことができれば、社会生活は改善するかもしれません。そのために必要なのは、対応するための知識とトレーニングです。

2 発達障害とは

発達障害という言葉を聞いたことがあると思います。「発達」が「障害」になるの？と感じられるかもしれません。しかし、これまでに多くの発達障害を抱えた方と巡り合ってきた経験からは、発達障害のかけら(要素)は私も含めて、左上の絵に描いてあるように、それが大きいかどうかは別としてすべての人が持っていると考えています。

ですから、そうした症状を抱えているだけでは「障害」とは呼びません。左下の絵のように枠の中にかけらがあって、かけらが壁にぶつかれば火花が出て障害になるかもしれませんが、壁にぶつからずに漂っているだけでは困難は感じないかもしれません。枠が広くなれば壁に当たりにくくなります。壁の材質が鉄ではなくてスポンジだったら当たっても困難は少ないかもしれません。

かけらの一部を表にしました。じっとしていることがつらくなった経験は誰にもあると思いますが、じっとしていなければいけない場面ではじっとしていられれば問題にはなりませんが、そこで動き出せばしかられて困難を抱えることになるかもしれません。小さなこだわりや、忘れ物や、うまく自分の状況を表現できないこと、そんなことは誰にでもあります。最初にお話ししたように障害は時代や社会によっても変わりますから、枠を広くしたり、

壁の材質を変えたりすることも困難を減らすことには役立ちます。かけらは消えないかもしれませんが、社会生活上の困難を減らすことで生活しやすくなるかなと考えています。

発達障害という言葉は、法律では発達障害者支援法[3]の第2条で「自閉症、アスペルガー症候群その他の広汎性発達障害、学習障害、注意欠陥多動性障害その他これに類する脳機能の障害であってその症状が通常低年齢において発現するもの」と定義されています。しかしこの定義が病名を並べているだけで、その概念がわかりにくいことから、私は「発達

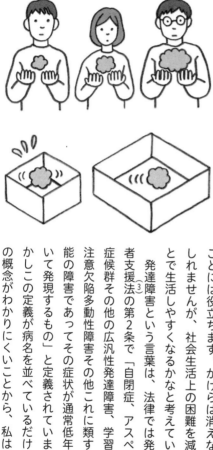

発達障害のかけら

- 他人と目を合わせることが得意ではない
- 自分なりのこだわりがある
- 話し始めると止められないことがある
- じっとしているといらいらすることがある
- 急な予定の変更にとまどうことがある
- 集中力が途切れがちになることがある
- 作業を投げ出したくなることがある

の過程で明らかになる行動やコミュニケーションなどの障害で、根本的な治療は現在ではありませんが、適切な対応により社会生活上の困難は軽減される障害」と考えています[4][5]。

行動やコミュニケーションの問題には多くの種類がありますが、たとえば行動の問題であれば落ち着かない、片づけられない、飛び出すなどの症状は赤ちゃんの時にはわかりませんし、一方的に話す、音に過敏になるなどの症状も同じです。成長するにつれて症状がはっきりしてきて、そして社会生活上の困難や悩みにつながっていくことが多いと思います。

発達障害を抱えている場合には、根本的に症状を取り去ってしまう治療はまだないと考えています。症状の緩和に薬剤が有効な場合もありますが、それは根本的治療とは少し違うように思います。しかし先ほどの義足の例のように、何らかの対応や配慮を自分や周囲がしたり、今後身につけておきたいスキルや知識を学んだりすることで社会生活上の困難は程度の差はあっても軽減できると考えています。

発達障害を抱えていない人たちを「定型」と呼ぶことがありますが、これはいろいろな面を平均的であると想定して仮に「定型」とイメージしているだけで、すべてが平均的な人はいませんし、すべての人は何らかの凸凹を抱えています。ですから定型発達は仮想上のイメージだと考えています。発達障害を抱えている場合に、社会生活上の困難を感じていれば、それを減らすことは目標になりますが、単に定型に近づけようということとは少し違うように感じています。

また発達障害を抱えていると才能が隠れているという人もいれば、障害で苦労の連続だといわれることもあります。発達障害の症状、特性が有利に働く場合もありますが、その多くは好きなことの中に隠れています。好きなことを探していろいろなことに挑戦してみたいですね。苦労についてはこれからもお話ししますが、少しでも減らす方法を考えましょう。

3 発達障害の種類

それでは発達障害にはどんな種類があるのでしょうか。アメリカの精神医学協会によって編集された診断と統計のマニュアル（ＤＳＭ-5）[6]では、神経発達障害（neurodevelopmental disorder）としてまとめられていますが、発達障害に含まれる診断名も、そもそも発達障害という言葉を使うのかどうかも国によって違います。

表に日本とアメリカで発達障害として扱われている診断名の比較を載せました。ＡＤＨＤはあとでもお話ししますが注意欠陥・多動性障害（Attention deficit/hyperactivity disorder）です。一般的にはＡＤＨＤの略称がよく使われています。自閉症スペクトラム障害や学習障害も共通ですが、選択性緘黙《せんたくせいかんもく》、チック障害、吃音《きつおん》はわが国だけですね。

日米の大きな差はアメリカでは知的障害、てんかん、脳性麻痺《まひ》が含まれているのに日本では含まれていないことです。特に知的障害はＤＳＭ-5の神経発達障害にも含まれています。わが国では発達障害の概念が一般的になる前に知的障害が身体障害、精神障害と並んで3障

発達障害の対象診断名：日米比較

日本の発達障害	アメリカの発達障害
・自閉症、アスペルガー症候群 ・ADHD ・学習障害 ・選択性緘黙 ・チック障害 ・吃音	・知的障害 ・てんかん ・脳性麻痺 ・自閉症スペクトラム障害 ・ADHD ・特異的学習障害
早期に症状が発現する	22歳までに症状が発現

害の1つとして位置づけられていましたので、発達障害の概念の中には知的障害は入っていません。先にもお話ししたように発達障害は便宜上《べんぎじょう》精神障害の中に位置づけられています。しかしたとえば自閉症スペクトラム障害では知的障害を合併することもあり、その場合にはどちらが社会生活上の困難をもたらしているかを考える時に迷うこともあります。知能や知的障害をめぐる問題については、またあとで触れます。

一口に発達障害と言ってもそこにはいろいろな種類があります。

4 診断は必要か

発達障害の診断は必要？ 不必要？ なかなか結論が出ない問題です。現在および将来も見すえた、抱えている社会生活上の困難に適切に対応できるのであれば、診断はいらない可能性が高いと考えています。「2」でもお話ししたように、すべての人が発達障害のかけらは抱えていると考えています。

しかしかけらが壁に当たったり、動けなくなったりするようであれば、それを障害を抱えていると表現することになり、そこで適切なサポートを受けるために診断が必要になる場合があります。特別児童扶養手当（所得制限あり）を受ける、障害者手帳を取得《しゅとく》する、放課後等デイサービス（18歳までの通学中の人に限る）などを利用するための受給者証を取得する、障害基礎年金を受ける、などなど社会的サポートを受けるためには診断書に基づいて申請《しんせい》する必要がある場合がほとんどです。ですからそれらのサポートを申請して受けるのであれば、診断が必要ということになります。

もう1つ別の側面もあります。自分は何か周りの人たちと違う、みんなが簡単にできていることが自分にはできない、逆に自分には何でもないことが周りの人たちにはできない。周りとの差に気づき始めた時です。告知と受容にもつながることですが、診断を受けてその特性を理解しようと考えることもあります。しかし同じ診断名であっても抱えている社会生活上の困難はさまざまなので、診断名だけでは解決しませんし、長所短所への具体的な対応をどうするかが課題になります。

成人の場合に、どうして自分はこんなにうまくいかないことが多いのか、職場などでも努力不足と非難されることばかり……こんな時には診断を受けて自分の特性を理解し、対応方法を学習、トレーニングすることで日常生活が楽になる場合もあります。

診断を受けて、自分がその診断だから「何もかもうまくいかない」という「思い込みによる烙印《らくいん》(消えない傷跡)」を受けてしまうこともあります。スティグマと言われることもありますが、本来のスティグマは宗教的な意味合いですから、少し違うようにも思います。

自分で抱えた烙印を消すことは難しいかもしれません。しかし診断を逃げ道に使うのではなく、どこが苦手かを知って対応を学習してトレーニングする、そうしたことによって、消えなくても薄く、軽くしていくことは可能ではないかと私は考えています。

5 発達障害の多様性と診断の重なり

発達障害のさまざまについてはこれまでにも触れてきましたが、たとえば自閉症スペクトラム障害を抱えた人が１００人いたとしましょう。診断名が同じであっても、知的能力も症状の強さも一人ひとり異なります。診断でひとくくりにしたとしても、対応がそれぞれに応じて異なることを理解してください。診断名だけで対応したり支援したりすることは、現実には無理なことが多いのですが、日常生活では何となく診断名だけで判断されることがあるかもしれません。しかしそこにはさまざまな人たちが同じ診断の中に存在していて、そこには多様性があることを知っておいてください。

発達障害のそれぞれについてはこれからお話ししていきますが、自閉症スペクトラム障害に限らず、ＡＤＨＤであっても学習障害であっても、診断でひとくくりにできるものではなく、症状の強さも抱えている困難さもさまざまだと感じています。そう考えてみれば発達障害全体がスペクトラム（連続体）ではないかというように思えてきます。

ですから診断を受けることが重要ではなく、社会生活上の困りごとがどのように軽減されるのか、どのように烙印《らくいん》に押しつぶされないで自分の生きていく道を探っていくかが大切なのだと考えています。

発達障害のそれぞれがスペクトラムのようなものであることはお話ししましたが、それぞれの発達障害もしばしばスペクトラムのように重なり合います。自閉症スペクトラム障害を抱えていてＡＤＨＤを抱えていて学習障害も抱えていることは珍しくありません。吃音《きつおん》や選《せん》択《たく》性《せい》緘黙《かんもく》が重なってくることもあります。

たとえばある子どもが、６歳ころには動き回ったり、落ち着きがなかったりしてＡＤＨＤへの対応が必要になり、８歳ころには読み書きがうまくできなくて学習障害への対応が必要になり、10歳を過ぎると友人との関係がうまくいかなくなるなどコミュニケーションの課題を抱えて、自閉症スペクトラム障害への対応が必要になるかもしれません。それぞれの時点で対応を必要とされる困難さは異なりますが、重なり合って存在していると考えられます。また発達障害は男性が多く抱えるとされてきましたが、実際には発達障害を抱えて悩んでいる女性は意外に多いのではないかという報告もあります。診断方法も含めて、今後の課題になっていると思います。

6 自閉症スペクトラム障害

このグループは、古典的には1943年にレオ・カナー(Leo Kanner)がautismとして報告しましたが、一方ハンス・アスペルガー(Hans Asperger)も1944年に報告しています。報告によって異なりますが、2～5倍くらい男子に多いとされてきましたが、先ほどもお話ししたように見逃されている女子も多いという異論もあります。頻度《ひんど》も人口の1～2％とする報告が多いですが、実際には社会生活を送る上での枠の広さ(「2」)によっても抱える困難は異なります。困難を抱えるから障害であるという見方からすれば、社会制度によっても社会の寛容度《かんようど》によっても頻度はかわりますので、一概に頻度の比較はできないかもしれません。増えてきているという報告も多いのですが、それは診断ができるようになったからであるという説もあります。

自閉症スペクトラム障害(Autism spectrum disorder)の原因は明らかになっていませんが、関連するとされる遺伝子は多く報告されており、そうした遺伝子を操作してモデル動物

（主にマウス）も作られています。たとえば一卵性双生児の場合には一方が自閉症スペクトラム障害と診断された場合、もう1人もそう診断される割合は、報告によっても異なりますが70～90％です。一卵性双生児の場合には生まれてきた時に持っている遺伝子は同じである可能性が高いですから、遺伝子による影響が大きいとしてもそれがすべてではないことがわかります。原因については、まだまだ謎の多い状況です。

自閉症スペクトラム障害は、以前は自閉症とアスペルガー症候群に分けられており、そのほかにも特定不能の群があるとされてきましたが、DSM-5[6]から知的能力にも症状にも高低、強弱の連続性があるので、スペクトラムという表現が使われるようになりました。アスペルガー症候群は知的障害の明らかではない群ですが、それまでの診断基準がかなり厳格であったことから、知的障害を伴わない高機能自閉症スペクトラム障害（High functioning autism spectrum disorder）と呼ばれることもあります[5]。

DSM-5では2つの症状によって診断されます。1つ目は、社会的なコミュニケーションや対人関係における困難さがさまざまな状況で出現することです。具体的には、たとえば会話がうまくできない、身振り手振りなどの非言語的なコミュニケーションがうまく取れない、人間関係を維持することが困難、感情を共有することが困難などの状況です。

もう1つは行動や興味や活動を含む範囲が限定されてしまうようなこだわりや、感覚の問題などが含まれるものです。外からは意味のわからない反復的な動作や、特定の手順や作業へのこだわり、そして音(聴覚)や視覚情報など感覚の過敏《かびん》(強く反応すること)や鈍麻(反応や感じ方が鈍くなること)が、しばしば見られます。

学校や職場などでは、周囲の人との会話がうまくできなかったり、友人関係が維持できなかったりすることもありますし、特定の音や光に過敏になってパニックを起こしたりすることもあります。いじめや仲間に入れないことから不登校になったり、場合によってはひきこもってしまったりすることもあります。感覚過敏(「25」)や不登校などの二次障害(本来の症状が別の症状を起こしてくること。「44」)についてはまたあとでお話しします。

幼児期に診断される自閉症スペクトラム障害は言語発達の遅れが見られることが多く、従来は知的障害を伴うとみなされることが多かったのですが、最近では国際的にも個別にプログラムを作成して介入することで効果が出ることもわかってきました(7)。

そうした対応を幼児期に受けて、言葉によるコミュニケーションが可能になってきても(私は第2の高機能自閉症と呼んでいますが)、自閉症スペクトラム障害そのもののかけらが消えているとは限りません。ですから社会生活上の困難が思春期以降に、特に対人関係をめぐって出てくることもあります。

自閉症スペクトラム障害を抱えていて社会生活に困難がある場合には、あとでもお話ししますが、それがどのようなものであって、何が問題になりやすいかという知識を持つことと、必要に応じて困難を抱えやすい状況を変えるために、トレーニングすることをお勧めしています。トレーニングをしないでただ薬剤を使ったからといって困難が改善することはまずないと感じています。先ほどもお話ししたように、ＡＤＨＤを合併することもありますし、小さな刺激にでも過剰に反応するようになったり、感覚過敏などからいらいらがとまらなくなったりなどという場合には、薬剤を使って治療することもあります。

統合失調症などの精神疾患との重なりを指摘する報告もありますし、社会生活がうまくいかないとうつ病やパニック障害などを二次障害として起こしてくるという説もあります。うつ病やパニック障害は、最近では始めから一緒に存在していたものが、社会生活上の困難が強くなるにつれて表に出てきただけであるという考え方も出てきています。

まだまだ謎だらけですが、知っておきたい知識や対応はたくさんありますので、このあともさまざまなトレーニング方法も含めて読んでみてください。

7 ＡＤＨＤ（薬物療法を含む）

注意欠陥・多動性障害（Attention deficit/hyperactivity disorder：以下ＡＤＨＤ）は微《び》細脳損傷《さいのうそんしょう》、注意持続障害などさまざまな診断名がありましたが、現在ではＤＳＭ-５でＡＤＨＤとして扱われています。基本的に知的には問題なく、男子の方が２〜４倍多いと考えられています。(6) しかし女子の場合には現在の診断基準からでは見逃されている可能性もあります。小児期では人口の約５％を占めると言われています。

症状は大きく分けて不注意の症状と衝動・多動の症状に分かれ、ＤＳＭ-５ではそれぞれ９項目の基準が定められています。それぞれのうち６項目以上（17歳以上の場合には５項目以上）あてはまるものがあれば、不注意の症状で満たせば不注意優位、多動・衝動の症状で満たせば多動・衝動優位、両方満たす場合には混合型となります。それぞれの項目を満たすとしても、その症状の強さや満たす項目の数には差があるので、やはりＡＤＨＤも連続性をもったスペクトラムだろうと考えています。実際には自閉症スペクトラム障害との重なりを抱えていることも多く、社会生活上の困難さがどちらから来ているのかを考えて、それに合った対応を考えることも多いです。

それではADHDの不注意の症状とはどんなものでしょうか？　学習などの課題に集中できない（ゲームなど好きなことには集中できても与えられた課題には集中できない）、話しかけられた時に聞いていなかったり気が散ってしまう、物をなくしたり忘れ物や約束を忘れたりすることが多いなどです。意外にそそっかしい、あわてんぼうと思われて見逃されていることもあります。

多動・衝動の症状としては、じっとしているのが苦手でもじもじしたり、立ち歩いたりしてしまう、静かに遊んだり学習することが苦手、順番を待つことが苦手、列や順番に割り込んだり、しゃべりすぎたりするなどです。こちらは目立ちやすいですね。

ADHDを抱えている場合には、不注意の症状にしても多動・衝動の症状にしても、しかられたり注意されたりすることが多くなります。その結果として自分に自信が持てなくなったり、どうでもよくなったりしがちです。大人の場合には職場や家庭で一緒に何かをすることが苦手になったり、約束を守れなかったりすることから対人関係がうまくいかなくなることもあります。

わが国ではＡＤＨＤの診断がつくと、保険適用のある薬剤を投薬《とうやく》されることが多く、効果の出ることも多いですが、それだけではなく、注意されたりしかられたりしていた不適切な行動ががまんできたり、うまくいく方法を身につけたりしてほめられるように変えていく（「14」）ことがもっとも大切だと考えています。

あとで発達障害での薬物療法についてはお話ししますが、ＡＤＨＤがもっとも多く薬物療法を受けていること、そしてＡＤＨＤの診断がなければ使われない薬剤があることから、それらについてはここでお話ししておきます。

ＡＤＨＤの治療薬は保険適用が認められている薬剤が４種類あります。メチルフェニデート（商品名コンサータ：カプセル）、アトモキセチン（商品名ストラテラ、アトモキセチン：カプセルと液剤）、グアンファシン塩酸塩（商品名インチュニブ：錠剤《じょうざい》）、リスデキサンフェタミンメシル酸塩（商品名ビバンセ：カプセル）です。

アトモキセチンは1日2回投与ですが、そのほかは1日1回投与です。コンサータは睡眠障害を起こす可能性があり、また食欲不振や体重減少を起こすこともあります。通常は朝1回の投与です。効果は服用後1〜12時間程度で、依存性があることが知られています。

アトモキセチンは1日2回投与で、投与開始から2〜3週間で効果が出てくるとされています。食欲不振、下痢、いらいらなどの副作用が見られることがありますが、依存性はないとされています。

インチュニブは1日1回ですが、血圧が下がることがあり、夜1回の投与が多いようです。副作用としては眠気、ふらつきなどが見られることがあります。依存性はないとされています。ビバンセは朝1回投与ですが、副作用としては、海外からの報告では睡眠障害やいらつき、めまいや眠気などがあります。依存性があるとされています。コンサータとビバンセは処方医師、調剤薬局とも登録されている必要があります。てんかんの合併がある場合にはコンサータ、ビバンセは使用に注意が必要とされています。

ADHDの不注意の症状や多動・衝動の症状はそれがほめられることはまずなく、常にしかられたり注意されたりし続けるために、自己肯定感《じここうていかん》(self-esteem)が低下しがちです。それが生活全体のやる気のなさにつながったりすることもありますが、知的な障害はなく、過活動性(動いているのが好き)という特性を持つことが多いので、選べる職業も多いです。どのように支えて、できることを増やすかがカギになります。後述のトレーニング(「47」～「65」)も参考にしてください。

8 特異的学習障害

知的には問題がないのに、学習課題でつまずきが出てきます。男女差はあまりないのですが、子どもの2〜5%に見られると考えられています。いくつかの種類がありますが、代表的なものは発達性読み書き障害（ディスレクシア）、書字障害、算数障害の3つです。もっとも多いのはディスレクシアで、音声言語（話す、聞く）には、基本的に問題はありませんが、文字言語（読む、書く）での困難を抱えます。読みの障害があれば、程度の差はあれ書くことの障害も出ます。[8][9]

文部科学省では読み書き算数のいずれか1つが小学校低学年では1学年以上、それ以上では2学年以上の遅れがある時に学習障害を疑うとなっていますが、実際に遅れが大きくなってから対応することは容易ではありません。

日常会話ができても、国語のテストや算数・数学の文章題などができないと、しばしば「読めない」のではなく、知的能力が低いとみなされています。私はまずその日の朝食の内容と前日の夕食の内容を聞いてみて、それがきちんと答えられるのに国語のテストの点数が悪ければディスレクシアを疑っています。まずは初めて見る文章を読んでもらいます。読むのが苦手な場合には何度か読んで覚えてしまい、あたかも読めているように見えることがありますが、初めての文章だと読み違えたり、助詞を間違えたり、文末を適当に読んだりします。

特にディスレクシアでは、読むのが苦手になると文字を見ることも嫌がってしまい、語彙《ごい》がなかなか増えないこともあります。そうなると言葉を使った表現が苦手になり、思春期になってメールやラインをする時にうまくできなくて困ることもあります。さらには自動車の運転免許証を取得しようとしても、運転は上手にできても、筆記試験では短時間に多くの問題に答えることができず、失敗するという場合もあります。まずは字を読むことから練習をしてみることをお勧めしています。

ディスレクシアでは文字を音に変える(「あ」という文字を見て「あ」と発音する)ことと、音をまとまりとして認識する(「い」と「ぬ」ではなく「いぬ」)ことが苦手とされています。さらに文節の認識ができなかったり、ひらがなの文章を漢字に変えたりするなども苦手なことがあり、やはりスペクトラムだと考えています。

「ま」という文字を見て、0・5秒あればこれが「も」ではなく「ま」と認識できているとすれば、読めるか読めないかと言われれば、読めているのですが、瞬時《しゅんじ》に読めなければ単語を認識できません。まずはひらがなのカードを作り、瞬時に読めるように練習します。「ま」と「も」、「き」と「さ」、「は」と「も」などは間違いやすいです。

文字をまとまりとして認識できないと、「いぬ」と読めても犬の鳴き声やイメージは浮かんできにくいので、単語の意味を把握《はあく》することが難しくなります。まずはひらがなで2文字の単語「ねこ」「さる」「うし」などを、瞬時にまとまりとしてとらえてイメージを頭に浮かべる練習からです。できるようになったら「にんぎょう」「かっぱつ」などに進みます。

文節がうまく認識できない時には単語の間に／を入れると読みやすくなりますし、漢字の音や訓が混乱する場合には熟語や語句で覚えることも勧めています。これらの練習ができるようになるためのソフトも開発しました。

通常の学習をする上でもDAISY[10]に登録して読み上げや文節の反転機能を使うとか、板書を通信機能のないスマホやiPadなどで撮影してあとでノートに書くなどの合理《ごうり》的配慮《てきはいりょ》(「15」)も要請することができますが、やはり医療機関の診断が必要な場合が多いです。

ディスレクシアだけではありませんが、診断があってそれを本人や保護者が知っていることによって、まだ一部ですが高校受験や大学入学試験での配慮、たとえば試験時間の延長やチェック回答の利用、拡大文字問題冊子の使用、別室受験なども利用可能になることもあります。アメリカでは試験の時に、音声で読んで出題して回答する支援も行われています。

書字の障害はディスレクシアに伴うことが多いですが、自分が書くスピードが遅いので書くことが苦手になっている場合もあり、そうした時にはタブレットパソコンなどの使用を考えます。また発達性協調運動障害のために、姿勢が安定しないのでうまく書けないという場合もあります。ディスレクシアに伴う書字の障害の場合には、文字の大きさがバラバラになったり誤字、脱字が増えたりしていることが多いです。脇口先生たちの開発されたカラーマスノート[11]を使って練習することも効果が出ることがあります。

算数障害は、基本的には四則演算の障害で、順番に数えることができても数を概念としてとらえることが苦手です。どこが苦手かによって対応は異なります。そろばん教室では数を概念ではなく視覚的にとらえるので、それによって計算ができるようになることもあります。暗算まで進めば、得意になるかもしれません。そのほかに電卓の使用やトレーニング[12]を考えますが、いずれは試験でも電卓も持ち込み可能になる可能性があります。

9 そのほかの発達障害

トゥレット障害、選択性緘黙《せんたくせいかんもく》、発達性協調運動障害、吃音《きつおん》について少し取り上げます。

トゥレット障害はADHDに合併することも多いですが、さまざまなチック症状（本人が意図していないのに運動や音声が繰り返される、首を振る、瞬《まばた》きをする、口をゆがめる、肩をすくめる、唸《うな》り声や言葉を出すなど）が、同時に起きることが特徴です。単純なチックは男子に多く、一度に複数の症状が出ることはまれですし、多くは放置しているうちに自然に治ります。トゥレット障害の場合には、成人期までに70％程度は軽快すると考えられていますが、強迫性障害（手を洗うことがやめられない、ドアノブを拭《ふ》くのがやめられない、鍵《かぎ》をかけたかどうか不安で何度も見直すなどの症状で日常生活に困難が出ます）へと移行することもあります。私はまず気分を落ち着かせて不安を減らすようなカウンセリングを行いますが、試験の時に声が出てうるさい、症状が出てじっとしていられないなどの場合には、投薬《とうやく》が必要になることもあります[13]。

選択性緘黙は幼児期に始まることが多いのですが学童～思春期に明らかになることが多く、高機能自閉症への合併もあります。安心できる場所、たとえば家庭などでは普通に話すことができるけれども、不安の強い場所、たとえば学校や人の多いところなどでは話すことができなくなります。(14)(15)知的障害はありませんし、理解もできていますが特定の場面で話せなくなります。不安症状が基本にあると考えられているので、話すことを強制するのではなく、安心できる環境をつくること、苦手な環境を避けること(学校をときどき休むこともあります)などが主な対応です。不安が強い場合には投薬をすることもあります。

発達性協調運動障害では、座れるけれども座り続けられない、姿勢が崩れてしまいやすいなどの症状が見られ、発達障害に合併していることもよくあります。環境設定や補助具で何とかなる場合もありますが、私は歩く習慣、空手の型や太極拳《たいきょくけん》の練習などのトレーニングを勧めることも多いです。それによって改善してくる場合もあります。(16)

吃音は、連発《れんぱつ》(単語の最初の音を繰り返す)、伸発(最初の音が長く伸びる)、のように次の音が出にくい場合と難発《なんぱつ》(最初の音が出にくい)の場合があります。(17)緊張したり不安になったりすると症状が強くなることがよくあり、本人にとってはとても大変です。カウンセリングが中心ですが不安を抑える投薬をすることもあります。

10 知的障害

広辞苑第7版では「知的発達が遅れていること。学習や知的作業、身体の管理、社会的な生活などが同年齢の普通の人に比べ困難なものをいう。知能指数により軽度・中度・重度・最重度に分ける。精神遅滞。旧称、精神薄弱」とされています。

知能とは何か？　私にとっても、ずっと抱えている大きな疑問です。知能検査（18歳ころまではＷＩＳＣ-Ⅳ、それ以降はＷＡＩＳ-Ⅲという検査で測ることが多い）をすれば、知能指数（ＩＱ：intelligence quotient）を算出することができます。１００を平均値として1標準偏差が15に設定されており、2標準偏差下回る70以下の場合に知的障害と判定されることが多く、その数値に基づいて就学先やあとでお話しする障害者手帳の等級判定などが行われています。

その数字は測定時の状態にも気分にも測定者の技術などによっても変化することがあり、絶対的なものとはなかなかいえません。とはいえ何か根拠がないと分類も判定もできないので使われているということが実際の状況かもしれません。国際的には知能指数で重症度を分けるよりは、生活上の困難度で重症度を分けることが一般的になりつつあります。WISC-ⅣであれWAIS-Ⅲであれ、数値を算出するための下位尺度があり、発達障害を抱えている場合には、しばしばそのばらつきが大きくなるために、結果としてのIQの数値自体の信頼性が揺らぐこともあります。

また知的障害とはいえないけれども、学習や知的作業の課題を抱えているので異常なしとはいえない場合には、「境界知能」という表現が用いられることもあります。知的障害であろうが境界知能であろうが、社会生活を送りやすくするために可能な支援を受けたり、トレーニングをしたりすることは必要ですし、それは個人個人がするということよりも、社会として子どもから大人に至るまでのサポート体制を構築する必要があると思います。特に境界知能と判定されると、適切なサポートがあれば社会生活を何とか送ることができる場合も多いのに、障害者手帳をはじめとする行政の支援が乏しくなるという現実もあります。

IQは高い方がよいのか？　発達障害を抱えているとしばしばIQが高い場合があります。IQが高い場合には下位尺度のばらつきも大きくなっていることが多く、それが社会生活上の困難に結びついている場合もあります。IQが高いから安心というわけでもありません。

11 告知と受容

自分が周りとの違いに気づき、それが気になってきた時に、それがどうしてなのかを伝える作業が「告知」です。単に診断名を告げておしまいではありません。繰り返してお話ししているように自閉症スペクトラム障害やＡＤＨＤの診断がついたとしても、その特性や抱えている困難は一人ひとり違います。

外来診療に通ってきている場合に、どの時点で告知をするのか、決まった年齢はありません。自分が周りとの違いに気づき始めたり、うまくいかないことが重なって落ち込んだりして、なぜそうなのかを知りたくなる、そのまま放置していてはますます混乱がひどくなりそうだなと感じた時が、告知の時期かなと考えています。私の場合には中学生、高校生の時期に行うことが多いですが、小学校高学年で行ったこともあります。成人の場合にはあとでお話しする二次障害を抱えていて生きづらさを感じていることがあり、その場合には初診時にお話しすることもあります。

1つの例として私が行っている告知の手順です。保護者の方や本人と話していて告知を希望されたり、告知が必要かなと感じたりした時には、まず保護者の方に「その子のいいところ」「その子の困っているところ、直してほしいこと」をまず箇条書《かじょうが》きにしてもらいます。そして「困っているところ、直してほしいこと」に対して、家族がどのようなサポートをすることができるかをまとめてもらいます。それをパワーポイントでまとめていきます。パワーポイントも保護者の意見を聞きながら修正しますので、かなり時間のかかる作業です。

QRコードを読み取っていただければ告知のスライドのサンプルが見られますが、よいところや伸ばしてほしいことから始まって、困っていること、直してほしいこと、そこでどのように家族がサポートするか、そして発達障害とはどんなもので、どんな診断名がつくのかなどについて、大体1時間程度の時間をかけて本人、保護者を交えてお話ししています。聞いたからすぐに受容できるわけではありません。あとで浮かんでくる疑問への対応も含めて、受容までは何か月もかかることもよくあります。

発達障害を抱えていないきょうだいに、発達障害を抱えているきょうだいの説明をすることもあります。やはりそれなりに時間をかけることが必要ですし、きょうだいが原因となってトラブルがある場合には、対応法も一緒に考えることになります。

12 発達障害と薬物療法

発達障害を抱えている場合に、薬剤の投与を勧められることもあります。薬剤は基本的に体の中にないものを投与するわけですから、効果だけではなく、副作用についても知っておく必要があります。心配なことは処方されている医療機関に質問してください。

薬物療法がもっともよく行われているのは、ＡＤＨＤを抱えている場合ですが、それについては「7」でお話ししました。

自閉症スペクトラム障害でも薬物投与はしばしば行われています。保険適用のある薬剤はピモジド（商品名オーラップ）、リスペリドン（商品名リスパダール）、アリピプラゾール（商品名エビリファイ）があります。ピモジドは心電図検査での異常をきたす場合があること、一緒に使ってはいけない薬剤が多いことから、最近ではあまり使われなくなってきています。

自閉症スペクトラム障害では外からの刺激に敏感に反応しすぎるために行動の障害やかん

しゃく、パニック、自傷《じしょう》・他害《たがい》などが見られることがあり、そうした場合にはリスパダール（1日1～2回）やエビリファイ（1日1回）がしばしば処方されます。

リスパダールの副作用としては食欲増加、肥満、眠気などが見られることがあり、エビリファイの副作用としては、リスパダールよりは少ないですが肥満、いらいらなどが見られることがあります。自閉症スペクトラム障害で二次障害としてのうつ病やパニック障害、強迫性障害などが起きている場合には、それぞれに対する治療薬を選択することになりますが、薬剤がさまざまですので処方される時に聞いてみてください。

なおホルモン剤であるオキシトシンの鼻への噴霧《ふんむ》治療が最近話題になっていますが、社会性が改善したという報告もあれば、そうではないとする報告もあり、有効性はまだ評価が定まっていないと考えています。

トゥレット障害では、L-ドーパ（商品名ドパストンなど）のごく少量投与、エビリファイ、リスペリドンなどが用いられることがあります。ドパストンは少量投与であれば大きな副作用は経験していません。リスパダール、エビリファイについてはお話ししたとおりです。

選択性緘黙《せんたくせいかんもく》、吃音《きつおん》などでは不安を和らげるために抗不安薬が用いられる場合があります。

特異的学習障害や発達協調性運動障害には有効な薬剤はありません。

発達障害では睡眠障害を合併する率が高い（年齢や報告によって異なりますが30〜60％で合併）ことが知られており、睡眠障害は入眠《にゅうみん》障害（なかなか寝付けない）、中途覚醒《かくせい》（夜中に目が覚めて眠れない）、早朝覚醒（朝早く目が覚めてしまう）、リズム障害（短い睡眠時間と長い睡眠時間が交互にくりかえしている）などがあります。基本的には生活リズムをなるべく規則正しくすることと、運動を日々の習慣にすることがお勧めですし、朝すっきりと起きることができることが目標です。

しかしどうしてもうまくいかない場合にはラメルテオン（商品名ロゼレム）、スポレキサント（商品名ベルソムラ）などの依存性の少ない薬剤を処方することもあります。わが国では習慣性、依存性の出やすいベンゾジアゼピン系の薬剤を処方されていることが多いですが、国際的にも依存性の少ない薬剤の使用が中心です。後述の漢方薬を使うこともあります。

便秘や下痢などの消化器の症状もしばしば見られます。野菜などの繊維の多い食品が嫌いであったりすることも多く、便秘は生活の質に影響しがちです。タイプによっても異なりますがピコスルファート（商品名ラキソベロンなど：液剤と錠剤《じょうざい》）や酸化マグネシウム（錠剤、散剤）、マクロゴール（商品名モビコール：2歳以上に限る）などを処方することもあります。

乳酸菌製剤を使うこともありますし、ヤクルト400®なども便通の安定化に効果が出ることがあります。

気管支喘息《ぜんそく》やアトピー性皮膚炎などのアレルギーの病気も一定の割合で見られます。気管支喘息の場合には、発作を予防する薬や吸入薬を使うことが多いのですが、思春期以降にはきちんと服薬できないなどの理由で重症化することもあります。アトピー性皮膚炎についても軟膏《なんこう》などをきちんと塗らないで、かゆくなって皮膚をかいて悪化していることもあります。医療的ケアはきちんと実行してこそ効果があります。勝手にやめてアレルギーがよくなることはまずありません。

てんかんの合併も一定の割合で見られますので、その症状や脳波検査の結果などから薬剤を選択します。明らかなけいれん発作の場合はともかく、ちょっと動きが止まるとか、短時間の意識消失が発作である場合は診断されていないこともあります(「44」も参照)。

そのほかにいらいらなどに対して、もともとてんかんの薬であったバルプロ酸ナトリウム(商品名デパケンなど：錠剤、散剤、液剤)やカルバマゼピン(商品名テグレトールなど：錠剤、散剤)が処方されることもありますし、さまざまな漢方薬(抑肝散をはじめとしていろいろあります)が処方される場合もあります。

13 補充代替療法《ほじゅうだいたいりょうほう》・サプリメント

一般的に医療として行われているもの以外の治療や対応は補充代替療法と呼ばれています。この中には、ビタミン剤などのサプリメントや保険適用のない薬剤や治療なども含まれています。医療から補充代替療法すべてを含んだものは統合医療として扱われています[18]。

発達障害に対する療育を含めたトレーニングは、そのほとんどがわが国では医療保険の適応となっていないですが、手法や内容についての検討や評価が国際的に行われている場合には、それは統合医療には入るかもしれませんが、補充代替療法ではありません。

発達障害に対する薬剤も含む医療で十分な対応ができ、受診される方に満足感が提供できているかと言われれば、残念ながらそうとは言い切れません。となれば補充代替療法などを考えるということも十分にありうることです。

補充代替療法[8][13]の中で、発達障害関連として内服するものとして、自閉症スペクトラム障害などへのビタミン剤やサプリメント、特殊な食品などを勧める広告がインターネットなどで見つかることがあります。そこには発達障害が改善するとか場合によっては「治る」とまで書かれていることもあります。魅力的な言葉ですが、現時点では科学的根拠をもって治癒《ちゆ》と判定される、治ると判定される治療法はありません。自閉症スペクトラム障害が水銀中毒であるという理由でのキレート療法は死者も出ており、学会でも否定されています[19]。

ＴＭＳ（経頭蓋磁《けいとうがいじ》気《き》刺《し》激《げき》）は、うつ病への治療として海外では使われていることがありますが、わが国では保険適用にはなりません。発達障害に有効であるという根拠もありません。

そのほかにも特殊なカウンセリングや精神療法などを行っている場合もあるようですが、多くは費用が高額にもかかわらず、明らかに効果があるという科学的な裏づけは乏《とぼ》しいと思います。「治る」「改善する」という言葉にひかれるかもしれませんがお勧めはしていません。何とかしたいという心の隙間《すきま》に入ってくる場合には、多くの場合、高額で、もし効果がなくても「個人差」などの理由で片づけられているようです。

発達障害はＤＳＭ‐５などの診断基準を中心として診断することになりますが、脳波検査や機能的ＭＲＩ（核磁《かくじ》気《き》共鳴画像《きょうめいがぞう》）を含めた脳の画像検査、血液や尿の検査、知能検査などだけでは、その診断に至ることはありません。あくまでこれまでの経過と現在の困りごとが手掛かりの基本です。

14 ライフスキル・トレーニング

「できないことをできるように具体的に考えて練習し、できたらほめてもらう」「不適切な行動を、具体的な方法を考えてがまんすることができればごほうびをもらうことで、不適切な行動を減らす」この2つが社会生活上の困難を減らすために、生きていくために必要なトレーニングなので、私はライフスキル・トレーニングと呼んでいます[4][16]。

たとえば「おはようございます」というあいさつができない場合に、こういう時には「おはようございます」と言ってくださいと告げるだけでは言えるようにはなかなかなりません。実際にお互いに口に出して言ってみる練習をすると、言えるようになることもよくあります。あいさつだけではなく、学習でも同じです。一生懸命《けんめい》にやってねという指示だけではできるようになりません。何をどこまでどのようにすればよいのかを具体的に指示してもらう、あるいは自分で決めることで、そしてできればほめてもらう（満足感は自分へのごほうびになります）ことも、その次へのやる気につながります。

授業中にじっとしていられなくて立ち歩く、注意されれば座りますが、数分後にはまた気が散って立ち歩いてしまう。会話に割り込んでは注意され、いったんは黙るけれどもまた割り込んでしかられる。よく見られる光景です。不適切な行動を注意したりしかったりしても、一時的には止まったとしても行動そのものは変わりません。じっと座って聞いていることができたら、会話に割り込まないでがまんしていることができたら、ほめてもらう、ごほうびを貰う。こうしているうちにがまんする習慣が少しずつできてきます。

もっと大きな声で、きちんと片づけなさい、よくつかわれる表現です。またあとでもお話ししますが、「もっと」「しっかり」「きちんと」など具体性のない指示ではできることは増えません。自分なりのやり方を考えることも含めて、どうすればしかられたり注意されたりして、自分が不愉快な思いをしないで済むかを具体的に考え、教えてもらい、身につけることがトレーニングであると考えています。

できるようになったからといって、治ったわけではありません。泳げない人が水泳の練習をして泳げるようになったようなものです。具体的な練習方法などについては、またあとでお話ししますが、当事者の書いた本を読んでみることも参考になります。難波寿和さんの本[20]や借金玉さんの本[21]も参考にしてみてください。

15 合理《ごうり》的《てき》配慮《はいりょ》とその周辺

２０１３年に障害者差別解消法[22]が制定されました。ここでは差別の解消に努力すべきことと合理的配慮についても記されています。合理的配慮はわが国も２００７年に署名した障害者の権利に関する条約では「障害者が他の者との平等を基礎として全ての人権及び基本的自由を享有し、又は行使することを確保するための必要かつ適当な変更及び調整であって、特定の場合において必要とされるものであり、かつ、均衡《きんこう》を失した又は過度の負担を課さないものをいう(日本政府公定訳)」と考えられています。

こう書いてしまうと新しい概念のように思われるかもしれませんが、メガネも補聴器《ほちょうき》も昔からあるサポートですし、それを合理的配慮として意識していなくても、実はその代表なのです。しかし発達障害を抱えていると、その特性に合わせて学校生活や社会生活、職場などでさまざまな配慮をしてもらわないと、生活がうまくできないこともよくあります。メガネや補聴器であればまだしも、本来は学校をはじめとする困難を抱える現場で率先して具体的

発達障害：合理的配慮の一例

- スマホ、タブレットによる黒板の撮影
  →板書・並行処理が苦手(授業、連絡事項)
- スマホ、タブレット、レコーダーによる録音
  →指示の聞き取りが苦手、運動会の音楽
- 聴覚過敏にイヤーマフ、ヘッドフォン
  →それでもだめならイヤープロテクター
- 視覚過敏にサングラス
- 文字を音声でサポートする
- 適度に学校を休む、給食を強制しない

な配慮をお願いしたいのですが、実際には均衡を失する、負担が大きいと言われることもあり、その中には困難さを理解しようとしなかったり、発達障害の特性による困難は本人の努力不足だとすり替えられたりしていることもあります。本人や保護者と相談して、診断書や意見書を書いて、ようやく合理的配慮が認められることも多いです。

発達障害を抱えている場合の学校での合理的配慮の一部を表に示しましたが、たとえば授業を聞きながらノートに書く、板書を写すことは、「並行処理」になるので、発達障害を抱えているとしばしば苦手です。授業を録音する、通信機能のないスマホやタブレットで黒板を撮影するなどの方法で対応することが可能ですし、字を書くことが苦手な場合には、タブレットに記入したり、音声で吹き込んで文字に変換したりする

ソフトウェアを使用する場合もあります。

ディスレクシアの場合にも、デジタル教科書を使ってフォント(文字の形)を変える、拡大する、ルビをふってもらう、読み上げ機能のあるソフトを使うなどの方法や拡大定規(23)を使って読んでいるところを見やすくすることも可能です。

自閉症スペクトラム障害でしばしば見られる感覚過敏《かびん》については、聴覚過敏ではイヤーマフやノイズキャンセリング機器などを使って嫌いな音やパニックになることを避ける方法もあります。雑音が耐えられなければ、射撃用のイヤープロテクターを使ってとりあえず音のない世界に退避《たいひ》し、落ち着いてからはずしたりもします。運動会のピストルの音が苦手ならホイッスルに変えてもらうこともあります。

視覚過敏で輪郭《りんかく》が強調されすぎたりちらついたりする場合には、ブルー系のサングラスを使うこと(イエロー系だと輪郭が強調されてかえってちらつくことがよくあります)や、ちらついて読みにくい白い紙ではなく、薄い色のついた紙やクリアーファイルを使うことで読みやすくなることもあります。色つきのノートも市販されています。

味覚過敏の場合には苦手な食材を強制することでかんしゃくやパニックを起こすこともありますので、給食を強制しない配慮も必要ですし、あとでもお話ししますが発達障害を抱えていると、緊張状態が続いたりした場合に心のスタミナが切れそうになることがあります。そうした時には、スタミナが回復するように学校を休むことも配慮に含まれると思います。

受験においても診断書があれば、公立高校では都道府県ごとの「高校入試の手引き」による配慮や、私立高校では事前に相談をすることで配慮してもらえることもあります。

大学入学共通テスト（2021年から）においても、試験時間や別室受験、ルビ付き問題文などの配慮を受けられる可能性があります。高校や大学での合理的配慮については、「18」「19」の高校・大学生活のところでお話しします。

合理的配慮は、障害名を告げたり、困難さを強調したりするだけではなく、何がしてほしいのかを「具体的」にリクエストする必要があります。法的にも保障されている権利ですが、サポートなしではうまくいかないから、そして機器などを含むサポートがあれば何とかなるから要求しているのです。本人がただがんばれば何とかなるというものではありません。「面倒《めんどう》」と感じる学校などは「公平」を武器に拒否することもあります。そんな時は繰り返しになりますが、「では試験で眼鏡の使用を禁止してください。あれは一番基本的な合理的配慮です」と話して意識を変えてください。

16 自立とは？

「自立」をどう定義するかは、いろいろな考え方もあって簡単ではないのですが、私は何でも自分でできるようになることでも、他の援助を受けなくなることでもなく、自分で必要な決定ができて、しようとすれば経済的に自立した「1人暮らし」ができるようになることだと考えています。もっと簡単に言えば、自分で考えながら生活面で多くの選択肢を持ち、自由度を高めることです。自分をそのままで受け入れてくれる人や場所も大切です。

あたりまえのことですが、自立以前にまず生きていること自体が尊いことです。社会としては、自立できなくても経済的な面も含めて、適切なサポートをしていくべきだと思いますし、先ほどの合理《ごうり》的配慮《てきはいりょ》も必要と考えています。そう考えてみると、自立は目標、目指す方向性としてはあるかもしれませんが、それが強制されるゴールということではありません。

子どもの時代には家族や社会の援助を受けながら生活しています。その先、大人になって自立することとは、発達障害を抱えていてもいなくても1つの目標になるのかもしれません。たとえば知的な遅れがあったり、精神疾患の合併があったりして、自立が十分にはできない場合、満足できる状況にはないこともあるかもしれません。その場合でも少しでも収入を増やすとか、もっと楽に暮らすことのできるような支援を受けるとかして、ベター(better)を目指しましょうとお話ししています。それによって選択肢が増えていきます。

社会生活では1人の人が複数の役割をこなすことがよくあります。障害を抱えた子を育てているお母さんからいただいた名刺には「めざせ、よい母、よい妻、よい女」と書いてありました。いろいろな役割がバランスよくできればすばらしいですね。

具体的には、基本的な生活習慣を確立する(食べる、寝る、出かける、運動する)ことや、身の回りのこと(料理、洗濯《せんたく》、掃除《そうじ》)が一通りできるようになることも大切ですし、経済的な面からは基本的な収入を確保することも大切です。とかく力んで全部1人でと完璧《かんぺき》を目指すのではなく、力を抜いての手抜きも上手にした方が楽だと思います。

もちろんお金の管理ができる(くわしくは「31」)ことや、友人関係を作っていくこと(くわしくは「36」)、趣味などの余暇活動(「17」)、健康診断を受ける、必要な時に医療機関を受診するなど、自分の健康を管理することなども必要になってきます。

さらに私の追加ですが「他人に何かをお願いする」ことも必要です。皆さんは地域の中で暮らしており、無人島で暮らしているわけではありません。生活しているといろいろな人とのかかわりができてきます。自立するためには何かを頼んだり、仲間に入ったり、手伝ってもらったりすることも大切です。

発達障害を抱えているとそうしたことが苦手なために1人でいることを選択しがちな場合もありますが、依存先、所属先を増やすことは自立を安定させるためにも必要なことだと考えています。それは住んでいる地域とのかかわりを持つということでもありますが、発達障害を抱えていると地域とのかかわりが苦手なこともあります。その場合にはインターネットなどを使うことで、自分なりの仮想社会の中で生きていこうとすることも、その中で働いていくことも、まだまだ十分とは言えませんが可能になりつつあります。しかし震災などでの避難を要する時などに、自分の世界が崩《くず》れると混乱することがありますので、非常事態に対する備えは必要かなと考えています。

ただ誰しも困ることがありますし、何かを聞かなければいけなくなることもあります(くわしくは「50」)。それが他人に何かをお願いするということです。そのためには、お願いできるだけのコミュニケーション能力を身につけることや、人とのかかわりの経験を増やすこと、慣れることも必要になると思います。

高校生でも大人になっても、家族や学校・職場の人間関係だけではなく、クラブ活動、ボランティア、お茶会、スポーツのサークルなどいろいろな所属先を作り、リアルな人間関係を広げて充実させていくこと(リア充)ができたらよいなと思っています。

最近では人間の脳は、単に学習したり考えたりするだけではなく、社会的な対人関係を築く上で必要となる脳機能である社会脳[24]としての役割が重視されるようになってきています。社会脳とは簡単に言えば、社会に対してどのような行動をとることが、対人関係や生活面などの困難を減らすかを考える能力です。

発達障害を抱えているとこの部分はしばしば苦手であり、失敗することにもつながりやすいので、必要な知識を学び、適切なトレーニングをすることも必要になると思います。

わが国ではとかく「努力」や「がんばり」が推奨《すいしょう》されていますが、自立を目指すからといって「がんばりすぎない」ことも大切です。調子のよい日もあればよくない日もあります。スタミナも体のスタミナだけではなく、心のスタミナの問題もあります。吉本ばななさんの本では「がんばらないでできるのが実力[25]」と書かれていて、なるほどと思いました。

17 将来をイメージしてみよう

思春期に入ると、当事者にも保護者にも将来をイメージしてみることをお勧めしています。イメージすることは簡単ではないのですが、私は25歳と40歳を鍵《かぎ》になる年齢だと考えています。25歳の時にどんな仕事をしているのかな、どんなところに住んでいるのかな、といったことを想像してみましょう。40歳になった時どんなところで何をしながら誰と暮らしていたらうれしいだろうか、両親はもう年を取っているかもしれないですね。

漠然《ばくぜん》と高校に行こう、大学に行こうと考えるのではなく、自分がやりたいこと、すなわち目標をとりあえず設定し、それを達成するためには何が必要かを逆算して考えてみましょう。やってみたいことや、就いてみたい職業など将来を具体的にイメージしてみることです。言ってみればこれから生きていくための地図、ロードマップのようなものをイメージしていただければと思います。なぜ25歳と40歳という2つの年齢を挙げたのでしょうか？

将来をイメージしようとするとどうしても近い将来だけをイメージしがちですが、遠い将来もイメージしながらロードマップを書いてみましょう。もちろんいったん書いたからその通りに行くわけではありません。人生にはいろいろなことが起きてきますから、そのたびに修正が必要かもしれません。しかしこれから先の人生を過ごすということは、初めての街を歩くようなものですから、とりあえずは地図があった方が歩きやすいと思います。

職業的な問題だけではなく、趣味を持つことも大切です。自分のやりたいことをしてお金が稼《かせ》げるとは限りません。お金を稼ぐために、仕事をすることの方がずっと多いかもしれません。そんな時には息抜きや気分転換のための趣味がとても大切です。たとえばゲームが趣味だとしましょう。それはそれで別に問題はないのですが、ゲームを夜中までやって仕事に行けなくなっては困るかもしれないですね。

趣味は、働くことなど本来の生活スタイルを崩さないでもできる範囲にしておくことも大切です。もちろん趣味がどんどん深まっていって、それでお金が稼げる(ゲームの例で言えばプロのゲーマーになったり、ゲームデザイナーになったりするような場合ですね)ようになることもあるかもしれません。

1日1日はあっという間に過ぎ去っていきます。ずっと先に思えた5年先、10年先は思ったよりすぐにやってきます。まさに光陰矢《こういんや》の如《ごと》しです。

18 高校入学

入学試験の時の合理《ごうり》的配慮《てきはいりょ》については「15」でも触れましたが、問題は入ってからです。まずは高校選びですが、学力に合った高校を選ぶ、推薦《すいせん》で選ぶ、やりたいことで選ぶ（工業、農業、商業など）、好きなクラブ（鉄道研究会があるなど）で選ぶ、などなどいろいろな選択肢があります。

発達障害を抱えている場合の支援をホームページなどに記載している場合もありますし、スクールカウンセラーが常駐している高校も私立ですが出てきました。地域で高校を魅力化する試みも始まっています[26]。まずは情報集めから始まります。

ただ小学校時代、中学校時代に不登校の時期があった場合には、一般の全日制高校は勧めにくいと考えています。入学すると必死に通うのですが、負担が大きく夏休み明けに通えなくなってしまうことがよくあります。そうなると単位も取れていませんし、留年につながって退学して、通信制の高校に入りなおすこともときどきあります。それならば始めから通信制の高校に入っておいた方がよかったということにもなりかねません。

通信制の高校は最近増えていて、種類もさまざまです。スクーリング（登校）も、毎日から年に数日の集中講座を受ければよいもの、さらには登校が不要な高校も出てきています。私立が多く、授業料もさまざまです。

そのほかにも単位制の高校（朝が遅いコースもあることが多いです）を選択することもありますが、自分で決める部分が大きくなるので、3年では卒業できなくて4〜5年かかってしまうこともあります。

高校卒業程度認定試験（通称：高認試験）を受けるという方法もあります。自分で勉強して受けるか、サポート校などで学習しながら受けるかですが、試験が8月と11月にあり、8月に合格しなかった科目を11月に受けることも可能です。2年以上かけて受けることも可能です。合格者は大学、短期大学、専門学校などの受験資格を得ることができますが、進学しなかった場合の最終学歴は中学校卒業になります。

なお特別支援学校の高等部を卒業した場合、通常の高校卒業に必要な74単位は取れませんが、特例により大学、短期大学、専門学校などの受験資格を得ることができます。特別支援学校高等部もさまざまなタイプが出てきています。

19 大学・専門学校入学

高校選びと違って大学や専門学校を選ぶことは、より将来の職業選択につながりやすいということ、そして高校よりも自宅を離れて通学する可能性が高い可能性があります。入学試験については、発達障害の診断を受けている場合にはさまざまな配慮を受けられる場合がありますが、国公立なのか私立なのかなどによっても違いがあります。

やりたいことがすでに決まっている場合には、それに特化した専門学校を選ぶ方法もありますが、職業につながらなくても趣味を育てる意味で、イラストやアート系などの専門学校を選んでいる人たちもいます。専門学校はコースにもよりますが、授業内容が決められていることが多く、授業内容の選択で悩むことは少ないのですが、宿題を含めた課題が多くなりやすく、それを負担に感じて挫折《ざせつ》する場合もあるようです。発達障害を抱えている場合の支援については明記していないことが多いと思いますが、事前の見学の際などに聞いてみることをお勧めしています。高橋知音先生の本(27)も参考になります。

大学は発達障害を抱えている場合にサポートする支援センターや相談室を設けているところが増えてきています。私も立ち上げや運営に協力したことがありますが、一番大きな問題は、発達障害の診断を受けていて、それを本人が知っていないと支援を受けられないことです。実際には診断されていなくて困りごとを抱えている場合もとても多いです。

支援センターを設置している大学の中には、担当する教員や心理職を決めて、細かなサポートを行っている場合もあります。大学では自分で選択科目や時間割などを決めなければいけないことが多く出てきますし、入学したては友だちもいないことが多いので、決めることが困難であったり、先延ばししたりしていると、上手にスタートが切れない場合もあります。

困っている時、困りそうな時に相談する人や場所をどうやって見つけるのかも、大学生活を楽しむため、そして留年や退学の危機を回避するためには必要なことが多いです。

特に初めて自宅を離れて生活する場合には、経済的な面を別にしたとしても、さきほどの自立に必要なさまざまが必要になってきます。1人暮らしのプレッシャーに加えて大学での生活を管理するためには、それなりの自己管理能力が必要になります。自己管理能力は突然できるようになるものではありませんから、思春期に入ったら少しずつ練習しておくことをお勧めしています。

20 モラトリアム

モラトリアム(moratorium)という言葉をここでは猶予《ゆうよ》期間という意味で使っています。子どもの時期から大人になって社会に出るまでの猶予期間だと思ってください。10歳での2分の1成人式が流行していますが、現在行われているやり方ではとても子どもたちのために行っているとは思えませんので個人的には反対しています。

10歳から実際に社会に出て働くようになるまでのモラトリアムは、中学校を卒業してすぐ社会に出れば5年、高校や特別支援学校の高等部を卒業してからであれば8年、大学や専門学校などであれば10年以上、大学院に行くとなればそれ以上になります。

たとえば特別支援学校高等部の場合、その多くは就労を目指しての教育になります。卒業してすぐ就労ということになればモラトリアムは8年しかありません。何らかの障害を抱えたりして、それまでは「ゆっくり」と言われていたのに、卒業すると多くは心の準備もできていないのに社会に出ることになります。

発達障害を抱えている場合には、実際に社会に出る前に知っておいたり練習しておいたりすることが多いので、私は知的な障害を抱えるかどうかも含めて、モラトリアムは10年以上必要だろうとお話ししています。高等部を卒業してもすぐに就労ではなく、あとでお話しする就労移行支援サービスを利用して、社会で役立つ力をつけることも1つの方法ですし、読み書き算数という基本的な学力を育てなおすこともあります。

小学校4年生レベルの読み書き算数の能力を身につければ、それは先ほどの自立に近づきます。私たちの日常生活での読み書き算数のレベルは、漢字や語彙《ごい》は増えるものの、基本的には小学校4年生レベルで生活しています。ですからここの基礎がきちんとしていないのに、学年が上がって新しい学習をしても、それは基礎工事をしていないところに家を建てるようなもので、うまくはいかないともお話ししています。

モラトリアムの間に学習能力を高める、ずっと続きそうな趣味を見つけたりそれを磨いたりする、一生の土台になる体作りをする、役に立ちそうな資格を取る、どれも楽しみながらできればと思います。能力を高めて社会に出て就労した方が、社会に出るまでの時間はかかったとしても、給料も高くなる可能性がありますし、そうなれば生涯賃金（一生の間に稼《かせ》ぐお金）も増えると思います。モラトリアムは大切な期間だと考えています。

21 不登校

不登校は文部科学省の定義によれば、「何らかの心理的、情緒的、身体的あるいは社会的要因・背景により、登校しないあるいはしたくともできない状況にあるために年間30日以上欠席した者のうち、病気や経済的な理由による者を除いたもの」とされています。

学校に行くことが登校、帰ることが下校、なんだか家庭より上にいる存在みたいですね。英語では最近は school non-attendance と言われることが多くなってきました。単に学校に行かないという意味ですね。いずれは不登校という言葉も変えた方がよいかもしれません。

小中学生では2017年では約14万人以上が不登校と報告されています[28]。不登校の子どもたちの数は大きく増えてはいませんが、子どもの数が減っているので、不登校の割合は増えていることになります。不登校のきっかけは、文部科学省の調査では家庭の要因がもっとも多く、次いで学校要因となっていますが、この調査自体が学校での集計をまとめたものなので、不登校の数はともかく、原因は学校から見た現状ということになります。

小中学校は義務教育です。憲法26条では教育を受ける権利がまず定められており、その第2項に受ける義務が記されています。法解釈上は権利が義務に優先しますので、適切にそして安心して教育を受ける権利が行使されない場合には、義務は優先されません。また2017年に制定された教育機会確保法によって、義務教育での不登校の場合に、さまざまな学びの形も支えられているはずですが、現実には十分に機能していないことが多いです。

診療している印象からは、中学校の不登校の2大原因はいじめ(文部科学省統計では公立中学校で0・4%)、教員による不適切対応(同2・3%)になります。いじめについてはあとでもお話ししますが、教員による不適切対応の多くは、教員そのものはとても熱心であっても、発達障害への理解の不足、適切な対応を知らず、不適切な対応をして、子どもがそれを受け入れられなくなるために起きていると感じています。発達障害の特性や、トレーニング方法についても多くの教員の方はもちろんのこと、社会で共有できるようになってほしいと願っています。

不登校、行き渋りの原因が「いじめ」「教員の不適切対応」であることがわかった場合には、義務教育の場合には、私は学校を休むことをお勧めしています。子どもはぎりぎりまでがんばりますし、学校は「登校していればたいしたことはない」と考えがちです。休ませて気分を変えることは、子どもを守ることにもつながります。高校以降の場合についてはあとでお話しします。休んでＩＴ学習をしても出席扱いにできることや成績評価ができることを文部科学省も通知を出しています。(29)

学校は「来るのが当然」という態度ですし、中学生であれば定期試験や内申書をちらつかせることもあります。でも子どもがつぶれた時には責任はとってくれません。子どもの資質や家庭のサポートのせいにされることもあります。学校は組織で人格ではないということを頭においてください。不登校否定論は子どもを守らないことにつながります。

不登校になって困ること、まずは生活リズムが崩れることです。寝る時間がだんだん遅くなり、起きる時間も遅くなってくると昼夜逆転が起きます。特に不登校の間にインターネットでのゲームチャットにはまっていたりすると起きやすくなります。午前０時を過ぎたら寝ること、できれば朝９時までには起きることです。それができていれば朝７時に起きることも可能ですが、午後になって起きることが習慣になると、朝は起きられません。そうした生活が続いて６か月以上外に出られなくなってくるとひきこもりになる可能性もあります。

次の問題点は学力の低下です。これはe-board(30)を使ったりして補うこともできますが、学習習慣そのものがなくなってしまうと学力低下になるので、対応を考えましょう。

不登校になると学校健診を受けることもなくなりますので、健康不安の問題もあります。できればかかりつけ医にときどき、何もなくても顔だけでも見てもらってください。さらに運動不足にもなりやすいという問題もあります。短時間でもよいので日々の運動習慣を守ることもお勧めです。運動についてはまた「40」で触れます。

高校からあとの不登校は、義務教育ではないので、留年や退学に直結します。つらい時には休学するという方法もありますが、学習などの意欲を持ち続けることは多くの場合には困難です。ですから専門性や対人関係も含めて、この学校が自分にどうしても合わない、無理だという場合には、進路変更も考えてみてください。やり直しはいくらでもできます。

不登校になっている子どもたちと話していると、ほとんどの子が心の中にもやもや感(今のままでよいかという不安)を抱えていることに気づかされます。その時に私が勧めているのは「学校に行くこと」ではなく、何か「夢中になれること」を探すことです。

不登校になりそうな、あるいはなっている君たちへの言葉は、「まずは生きていくこと、そしてできれば将来してみたいことを考え、見つけることが大切」です。そして不登校からの卒業は「社会の中で生きて行きたいと思えるエネルギーがわいてきた時」です。

22 ひきこもり

ひきこもりという言葉は当初はわが国独特のものと考えられていましたが、今や国際的にもＨＩＫＩＫＯＭＯＲＩで通用するようになってきています。子どもの時期にはじまる場合と、大人になってからはじまる場合があります。厚生労働省の定義では、「仕事や学校に行かず、かつ家族以外の人との交流をほとんどせずに、６か月以上続けて自宅にひきこもっている状態」とされており、数十万人以上が該当するとされています。斎藤環先生の定義では「①（自宅にひきこもって）社会参加をしない状態が６か月以上持続しており、②精神障害がその第一の原因とは考えにくいもの（ただし「社会参加」とは、就学、就労しているか、家族以外に親密な対人関係がある状態を指す）」となっています(31)。私は斎藤先生の定義に沿ってひきこもりについて考えてきました。

子どもの時期にはじまるひきこもりは、不登校に引き続いてひきこもりの状態になることが多く、過去にひきこもりの子どもたちを診《み》ていたころには小学校高学年ですでに「ひきこもり」として対応していた経験もあります。発達障害、特に知的障害を伴わない自閉症スペクトラム障害を抱えていてひきこもりになった人たちを診ていた経験はありますが、はたして自閉症スペクトラム障害がひきこもりになりやすいかどうかはわかりません。なおここでは成人期にはじまるひきこもりについては触れません。

ひきこもりになった人の犯罪がときどき報道されますが、実際にはひきこもっていない人の犯罪の方が多いので、ひきこもり＝犯罪は誤ったイメージです。ただひきこもりが長期化してくると、家庭内暴力を含む攻撃的な行動や、暴言を吐くことなどがあり、それを見たり聞いたりして家族が不安になることはあります。

ひきこもりの場合に、ゲーム依存症になっていたり、インターネット依存症になったりしている場合もあります。その場合には昼夜逆転になっており、朝方に寝て午後〜夕方に起きるパターンが多くなります。昼間の受診はできないので、夕方に往診するか家族のみが受診するかになることが多いです。

ひきこもりになっている当人は強い不安を抱えていることもあります。その不安を受け止める（決して家族だけで受け止めない）ように考えること、少しでも体を動かすようにすることを勧めています。家族だけで抱えていてもうまくはいきません。

23 いじめとその周辺

いじめはどこにでもありますが、特に学校で問題になっています。いじめの定義については、文部科学省では「児童生徒に対して、当該児童生徒が在籍する学校に在籍している等当該児童生徒と一定の人的関係のある他の生徒が行う心理的又は物理的な影響を与える行為（インターネットを通じて行われるものも含む。）であって、当該行為の対象となった児童生徒が心身の苦痛を感じているもの」として件数を把握しています。２０１７年には小中高で合計41万件が報告されていますが、いじめがあったと報告した学校は全体の74％で、のこりの学校はいじめを報告していません。[32] 41万件のうち警察と連携したのは約１０００件です。

ＷＨＯ（世界保健機関）の定義に沿っていじめの調査を20年余り前にしたことがありますが、中学生の約５％が週に１回以上いじめられた経験があり、約２・５％がいじめた経験があると答えていました。その両方が毎週のようにある中学生も約１％いました。すなわち子どもたちはいじめる側にもいじめられる側にもなりうることがわかります。発達障害を抱えていると、行動やコミュニケーション課題を抱えていじめられることはときどきあります。

いじめにはなぐる、けるなどの身体的ないじめと、無視する、仲間外れにする、嫌がるあだ名や言葉を投げかけるなどの心理的ないじめがありますが、どちらのいじめも放っておくと激しくなる傾向があります。学校にとっていじめは「不都合な真実」なので、なかなか向き合ってもらえません。いじめられたと感じた時には「誰にいつ何をされたか」を記録すること、中学校ではまず休むことです。学校は「登校しているのだから大したことはない」と考えがちです。弁護士に相談することも警察に相談することも問題ありません。文部科学省もいじめの加害者は出席停止にできると指示していますが、実際にはなかなかそうはなりません。海外ではいじめの加害者を転校させる国もありますが、わが国では被害者が転校することの方が多いように感じています。法律について書かれた本(33)もあります。

中井久夫先生の著書(34)では、いじめによって「孤立化」し、いじめに対して「無力化」し、そして周りが慣れてしまうと「透明化」することが書かれています。いじめに対してはまず安全を図ることが先決です。学ぶ、働く場を変えることも考えてみる必要がありますし、発達障害を抱えている場合にはあとからお話しするコミュニケーション・トレーニングをすることで、苦手さを軽減し、暮らしやすくすることも考えてみてください。

24 体のスタミナ、心のスタミナ

スタミナには体のスタミナだけではなく心のスタミナもあります。最初はガソリンが満タンの自動車でも、走っているうちにガソリンが減って、そのままではガス欠になってしまいます。ですからガソリンが残り少なくなってきたら給油しますね。自動車はみなさん、スタミナはガソリンだと考えてください。

激しい運動をすると体のスタミナがなくなることはよく知られています。その場合には、水分と栄養を十分に取ってゆっくり休むことが回復への近道です。

スタミナには実は心のスタミナもあります。無理して、緊張してがんばろうとしていると、体を動かしていなくても心のスタミナが減ってきます。体と違って心のスタミナ切れは徐々にではなく突然やってくることがあります。車で言えばいきなりガス欠になるようなものです。自分でも予期できずに、突然何も考えられなくなるような状態です。

うつ病を抱えていると、突然やる気がなくなることもありますが、うつ病ではなくても、発達障害を抱えているとこのバランスがときどき悪くなり、体は元気なはずなのに動けない、やる気が出ないことは結構あります。スタミナを使いすぎた時と感じた時には無理しない、避けられる苦手な状況は回避するなど「気合」や「根性」ではなく、冷静に分析して対応することが必要です。激しい運動ではなく、ちょっと汗ばむ程度に体を動かすこともスタミナ回復には有効な手段です。体のストレッチもリラックスにつながるので、心のスタミナ回復には有効なことが多いです。うつ病ではなくても、もちろん十分な休養をして心のスタミナが回復することを目指します。

誰にでも調子のいい日と悪い日があります。発達障害を抱えていると、いい日と悪い日の差が大きいことがよくあります。ですから調子がよいといってもやりすぎない、調子がよくない日は無理しないことが大切になってきます。あとでお話しする感覚過敏《かびん》も気圧の変化や苦手な音などが調子に影響することはよくあります。

合理的配慮《ごうりてきはいりょ》のところでお話ししたように、心のスタミナが切れそうな時には、学校を休むことも1つの対応策です。学校にはなかなか理解してもらえませんが、怠《なま》けて休むのではなく、そこで緊張状態を続けているとつぶれてしまいます。体を動かすことのほかに自分の趣味に取り組むなど、気分転換も大切です。

25 感覚過敏《かびん》

感覚過敏には「6」「15」でも触れましたが、表に示したようにいろいろな種類がありますが、発達障害、特に自閉症スペクトラムを抱えている場合には子どもの時期からよく見られます。逆に感覚が鈍《にぶ》いという感覚鈍麻《どんま》もときどきあります。

経験上は一番多いのは聴覚過敏かなと感じています。トイレのエアータオルが苦手な方はとても多いですし、掃除機《そうじき》やドライヤーなどの機械音が苦手な方も多いです。花火や雷《かみなり》などの突然の音や運動会のピストルの音などもしばしば苦手です。苦手な音を聞くと、あるいは聞くような状況になると耳ふさぎがでてきます。両手で耳をおおうように押さえて、視線が下を向きます。

このような姿を見た時にはすぐに対策を考えます。まずはイヤーマフですが、通販でも簡単に買えますし、デジタル耳栓《みみせん》、ノイズキャンセリングヘッドホンなどもあります。嫌いな音を聞くと思考停止になったり、パニックになったりすることも多いので、対応が必要です。

感覚過敏と感覚鈍麻		
	過敏	鈍麻
視覚	回転、縞模様、格子輪郭のちらつき	文字・数字の読み間違い、見落とし
聴覚	大きな音、特定の音、エアータオル	音声指示が入りにくい、聞こえにくい
触覚	肌触り、洋服のタグ。触感からの偏食	けがに気づかない
味覚	特定の味にこだわる。新しい味が苦手	味わわないでただ食べる
嗅覚	香水、タバコなどへの過敏や拒否	区別がつかない

また嫌な音を聞くと、そのあとしばらく聴覚が鈍くなり、必要な情報が入ってこない聴覚遮断の状況になることもあるようです。

音を完全に遮断するような射撃用のイヤープロテクターを使うこともあります。嫌な音、うるさい環境で耐えられない時に、数分間音のない世界に逃げ込みます。遠くに置いたドライヤーで風と音に慣《な》らすことも試みますが、うまくいくとはかぎりません。

視覚過敏は回転するものや格子模様などにこだわり、すぐに注目するのをやめられないこともありますし、物の輪郭が強調されてちらついてしまうために文字などが読みにくくなることもあります。模様や回転などへのこだわりはそれらがある場所を避ける、写真などで撮影して少しずつ慣れてこだわりをはずすなどを試みます。白い紙そのものが光って見えたり、字がちらついて読めなかったりする場合には「15」の方法を参照してください。

触覚過敏では、洋服の材質による肌触りや背中のタグへの過敏がしばしば見られます。洋服は通販などで見て選ぶのではなく、特に実際に下着や靴下などは実際に触って選んでくださいとお話ししています。気になるタグはていねいに外してください。またレタスやキャベツなどのシャキシャキした食感、納豆やオクラなどのねばねばした食感が苦手ということもあります。徐々に慣らしていくか別の食べ物で補うことを考えます。

触覚が鈍くなると、足をぶつけたりしても痛みが鈍く、けがをしやすくなることがあります。そうした場合にはなるべく長い靴下をはくことを勧めています。

味覚過敏では特定の味にこだわったり、新しい味が苦手だったりすることがある反面、鈍麻では味わわないで食べるので早食いになりがちです。これも慣らしていくか、その味を避けるかということになります。大人では野菜嫌いでも青汁を飲むという方法もあります。

嗅覚《きゅうかく》過敏は大人では香水やタバコの匂いなどへの過敏が見られることがあり、相手の匂いに攻撃的になって、それが対人関係のトラブルに発展することもあります。慣れろと言っても嗅覚はなかなか慣れないので、そうした匂いのする場所を避けるか、社会的妥協《だきょう》(「42」)を身につけるかですね。

そのほかにも気圧の変化に敏感、たとえば台風が来ている時に九州あたりに台風の目がある状況で、首都圏に住んでいるのに体がだるくなる、眠くなる、いらいらするなどの症状が出る場合もあります。まずは休養ですが、気分調整薬などを処方することもあります。

感覚過敏は当事者にとってはとても大きな問題です。慣れることができれば慣らす(馴化《じゅんか》)を試みますが、簡単ではありません。聴覚過敏のように慣れることができなければ、刺激を軽減する、遮断《しゃだん》することが必要かもしれませんね。

26 性の問題をめぐって

中学生用

高校生用

思春期には男女とも性ホルモンの分泌が活発になり、体にも二次性徴が出てきます。男子では声変わりとか精通《せいつう》とかが見られるようになりますし、女子では体つきに変化が出て月経（生理）が始まってきます。性的な欲求も当然のことながら出てきますが、基本的な知識を持っておくことが欠かせません。絵本ですが「赤ちゃん」[35]はよくできています。

わが国では性教育は教えるとしたくなるから教えない、すなわち寝た子を起こさないという考え方からなるべく教えないという流れが中心でしたが、教えなくてもいろいろなところから情報は入ってきますし、それらの情報が正しいとも限りません。そこで私は皆さんにきちんと伝えていくべきだと考えて、ＱＲコードで参照できる資料を作成しました。

まずは男子も女子も自分の体や相手の体のことを知っておくことが必要です。月経（生理）のことも女子だけではなく男子も知っておいてください。性教育はまず自分の体のことを知ることから始まります。その上で相手を大切にすることを考えます。自分を大切にできないのに相手を大切にできるはずがありません。

性教育というとどうしてもセックス（性交渉）をするなという教育になりがちです。私も中高生には基本的にはお勧めしない立場ですが、確かに望まない妊娠をしたり、性感染症になったりすることは、多くの場合にセックスをしなければ避けることができます。流れの中でセックスをしてしまうこともあるかもしれませんが、高校生が誰でも使える１００％妊娠しない避妊（妊娠を避ける）方法は、現実にはありません。

繰り返しますが、性教育は避妊と性感染症の知識のためのものではなく、自分で性についての決定権を持てるように知るべきことを教えるということです。

性にはいろいろな好みの傾向があり、それは「恥ずかしい」ことではないことを理解していただきたいと思います。ＬＧＢＴ（Ｌ：レズビアン：女性同士の愛、Ｇ：ゲイ：男性同士の愛、Ｂ：バイセクシャル：男女両方への愛、Ｔ：トランスジェンダー：体の性と異なる性への憧れ）と言われることが多いですが[36]、ＬＧＢが性的な好みであるのに対して、Ｔは反対の性への指向なので分けて考えることもあります。そのほかに体は女性ですが、男女どちらの性にもなじめないＦｔＸや、その逆のＭｔＸもあります。性的指向で片づけられない、病的なものとしては幼児の体への執着などがあります。それは治療の対象です。

27 性の問題：男性

男性にとっては思春期は陰毛が生えてきて陰茎《いんけい》（おちんちん）が大きくなり、朝になると硬くなっている（勃起《ぼっき》）ことがよくありますし、エッチな場面を想像したりしても勃起は起きます。そこで触ったりこすったりしていると白い精液が出てきます（射精）[37]。

わが国では、ふだんは陰茎の先まで皮がおおっている包茎《ほうけい》の状態の人が多いのですが、皮を手で引っ張ってくるっと亀頭《きとう》（先の太くなっている部分）の下までむければ、機能的には問題ありません。大きさも勃起した状態で長さが5㎝以上あればセックスも可能です。

自慰《じい》（マスターベーション、オナニー）は、精通《せいつう》（初めて射精すること）のあとにはしたくなることが自然ですが、する場所と状況は考えてください。しているところを人に見せたり、見られたりするものではありません。陰茎を床や柱にこすり付けての自慰よりは、親指と人差し指で丸を作って、その中で陰茎をごしごしこすって射精する方法を勧めています。

思春期には、突然勃起してしまうこともあります。そんな時は深呼吸をして気持ちを落ち着かせることや、どうしても無理な場合にはトイレの個室に入って落ち着くまで待つか、体育座りをしてみてください。ズボンの中に手を入れたり、ズボンのポケットに手を入れて陰茎に触っていたりすると、他人、特に女子に誤解をされて嫌な思いをするかもしれません。

衝動的に女性に触りたくなった時に自分を鎮《しず》める方法は「47」のクールダウンと「52」の距離感のトレーニングも参照してください。付き合っている女子がいて、触りたくなる、キスしたくなる、セックスをしたくなる、よくあることですが、自分と相手を大切にする原則は忘れないでください。スマホで裸の写真を送ってもらうことを要求する、見たい気持ちはあるでしょうが、インターネット上の写真はいわば「永久に」残ります。

彼女でなくても、女性の裸や性的な写真、動画などを見たくなることも自然なことですし、見ながら自慰をすることもあるかもしれません。それも問題ありませんがする場所は考えてください。いわゆる裏ビデオ（ＤＶＤのこともありますしネット上に流れてくることもあります）を見ることもあるかもしれません。それは作られた番組なので、１人で見てそれが事実だと認識しないで、何人かで見てどこか現実とは違うことを覚えておいてください。

スマホのメールやラインなどではうまく伝えられるけれども、実際に会うと思うように話せない。よくあることです。トレーニングを含めて慣れてくればよいですね。

28 性の問題：女性

思春期に入ると乳房が大きくなってきて、身長が急に伸びる時期を過ぎると、多くの場合には月経（生理）が始まります。最初の月経が初潮《しょちょう》ですね。まずは月経の問題からはじめましょう。参考図書(38)も機会があれば読んでみてください。乳房、胸が大きいか小さいかを気にすることがあるかもしれませんが、乳首がちゃんとできていれば、将来出産したあとに赤ちゃんに母乳をあげることには乳房の大きさは関係ありません。

月経は25〜30日周期で4〜7日の出血を伴うことが多いですが、初潮から数年間は安定しないことが多いです。月経の始まる前に体がだるくなったりすることもありますが、痛みが強い場合や出血が長く続く、出血量が多い場合には、がまんしないで医療機関を受診してください。思春期に月経の痛みをがまんし続けていると、将来の子宮内膜症《しきゅうないまくしょう》につながりやすいと言われています。痛みに対しても月経周期の調節にもピル（ホルモン剤）を使って軽くすることができます。わが国ではピルといえば避妊目的と考える人が多いですが、月経の調節にも月経困難の治療にも使うことができます。鎮痛剤《ちんつうざい》よりも効果があります。なお避妊をしないでセックスをした場合に、別のホルモン剤を使って妊娠を避ける方法もあります。

月経の時は、ナプキンを使うことが多いと思いますが、使用済みのナプキンはひとつずつ小さなビニール袋などに入れてポーチに入れてください。発達障害を抱えている女子で、使用済みナプキンを放置した、男性に見られてしまったなどのトラブルは意外に多いです。

わが国ではあまり知られていませんが、ナプキンやタンポンのほかにスクーンカップという道具もあります。膣《ちつ》に入れて使うのですが、大体12時間くらいは使えるので、その間はナプキンなどを使わなくても済みます。

現在のわが国では女性が性被害にあう可能性は、残念ながら少なからず存在します。たとえばセクストーション(sextortion)とは、裸の写真などをスマホで送ったりした場合、それをばらまくぞと脅《おど》されてセックスや金銭を要求されることです。愛しているからセックスしよう、セックスしないともう会わないと言われた場合、そこにあるのは「セックスしたい」という欲求だけで「愛」ではありません。裸ではなくてもスマホで写真を送ることは、撮影した場所が明らかになるので、性被害の可能性が出てきます。

現在の中学校の性教育では、避妊、人工妊娠中絶、セックス(性交)という言葉は使わないことになっていますが、一方で刑法の強制性交等罪(以前は男性から女性に対する強姦罪でしたが、逆もあり得るので変わりました。しかし圧倒的に女性が被害を受けることが多いです)における性交同意年齢(セックスをすることに同意したとみなされる年齢)は13歳です。13歳未満であれば同意の有無を問わず、強制性交等罪が成立しますが、13歳以上であれば、同意したとみなされればその罪は成立しません。都道府県などの青少年健全育成条例の違反などにとどまることになります。

13歳という年齢の設定は今後変える必要があるのではないかと考えていますが(たとえばフランスは15歳)、性交に対する知識を持っておく必要があることは言うまでもありません。ここで言う性交には膣だけではなく、肛門や口を使う場合も含まれます。

男性から胸や外陰部に服の上から触られても、それは痴漢《ちかん》であり、都道府県の迷惑防止条例の違反ですが、服に手を入れられるなどして直接乳首や外陰部に触られた場合には、刑法の強制わいせつ罪に該当します。黙っているとまた別の女性が被害にあいます。

発達障害を抱えていると、人の話を信じやすい傾向があり、だまされて性被害にあう可能性もあります。実際に私が外来診療で診ている方が性被害にあったケースもあります。よく知らない人に誘われた時に、はっきりNOということが一番ですが、「お母さんに聞いてみ

「ます」という方が多いようです。街中で誘われてスマホで電話して、お母さんにつながらなかったらどうしますか？

「つながらないみたいだね」と言われて誘いに乗りますか？　それは危険です。お母さん以外に聞いてみる場所を少なくとも3つ決めておいてください。何かのたくらみがあって誘っている人は時間がかかってややこしくなったり、その場を他人に見られたりすることを嫌う傾向があります。ややこしくすることが性被害を防ぐことにもつながります。

成人になっても、よく知らない男性と2人きりでお酒を飲みに行かないことや、自分がトイレに立つなどして目を離した飲み物には手を付けないこと（睡眠薬などを入れられることもあります。レイプドラッグとも言われますが）もお話ししています。

起きてほしくない性被害についてきちんと知っておくことは、これからの人生で大切なことです。もし性被害にあってしまった時、自分を責めないで信頼できる人に相談してみてください。黙っている間に、妊娠している場合にはただ時間が過ぎてしまいます。全国どこでも性犯罪被害相談電話窓口＃８１０３に電話してください。１１０番に通報してもかまいません。

29 アルコール、タバコ、薬物

未成年であれば飲酒、喫煙《きつえん》は法律で禁止されていますが、飲んだり吸っていたりする人もいます。年齢が低いほど依存性ができやすいことが知られています。依存性ができてしまうと、徐々に量が増えたり回数が増えたりします。

飲酒については未成年では一気飲みなどの短時間の大量摂取《せっしゅ》で意識がなくなることや、場合によっては命の危険もあることを知っておいてください。友だちだからという名の下での飲酒の強要をする人はすでに友だちではありません。特に女子は先ほどのレイプドラッグの件も含めて(アルコールに混ぜられると意識がなくなりやすい)注意してください。

長期的に飲酒を続けると、肝臓《かんぞう》の障害やそれに引き続く肝臓がんなどの問題も起きてきますが、若い年齢の場合には飲み続けているとアルコールへの依存性ができてしまい、飲まないとイライラしたり、冷や汗が出たりする状態です。こうなると自分1人で何とかしようとすることは難しいので、医療機関や保健センターなどに相談してください。

喫煙はやはり習慣性があります。習慣性は簡単には消えませんし、これは最近流行している電子タバコでも同じです。喫煙によってリラックスできるという人もいますが、これはタバコに含まれるニコチンなどの中毒になっているので、吸わないとイライラ感が増強し、吸えばそれがおさまるというだけのことです。禁煙ガムや禁煙パッチもありますが、やめようという気持ちがなければ失敗率が高いです。

薬物依存もあります。覚せい剤や麻薬などの違法薬物もあれば、医療機関などで処方される薬剤に依存性ができてしまうことがあります。違法薬物はあたりまえですが違法なので、所持や使用は未成年でも逮捕されます。覚せい剤は特に習慣性が強く、逮捕されてやめても再犯率は60％を超えると言われています。仮に1度目の逮捕で執行猶予《しっこうゆうよ》になったとしても、2度目からは刑務所に入ることになりますので、その後の人生がうまくいかなくなります。女子の場合にはセックスの代償に覚せい剤を渡されて、依存症になることもあります。

睡眠導入剤や精神安定剤としてわが国でよく処方されているベンゾジアゼピン系の薬剤は依存性ができやすいことが知られています。発達障害を抱えていると、イライラや不安症状を訴えて医療機関を受診すると薬剤を処方されることがよくありますが、長期投与をした場合に、依存性ができないかどうかは聞いてみてください。

30 ICT、ゲーム

ICT（information and communication technology）はパソコン、タブレット、スマホ、通信機能のあるゲーム機などさまざまなものを含みます。これらの通信機能を利用して情報のやりとりやゲームを楽しんだりします。インターネットもメールもラインもすべてこの中に入ります。

ICTは便利ですし、40年前にはこれらがなくても仕事も生活もできていたのに、今では私もICTなしで仕事をしたり生活をしたりすることは困難です。依存症になっているとは思いませんが、パソコンに長時間向かっていると目が疲れたり首が痛くなったりします。

思春期から青年期は生活の中に急速にICTが入ってくる時期です。最初のデビューはゲーム機かもしれませんが、広がってくるのはスマホデビューからでしょうか。スマホが手に入れば通話よりもメール、メールよりもラインと世界が広がってきますし、Facebook やTwitter などのSNS（social network service）も始められるかもしれません。

一方ではオンラインゲームやYouTubeなどにはまり、夜通し起きていたり、アイテムの課金で大変なことになってしまったりすることもあります。そうなってしまうと生活リズムが崩れてしまうこともあります。ゲーム依存は最近では疾患に位置づけられました。

ＩＣＴとの付き合い方の原則は3つです。1つ目は必要な時に使うことはかまわないのですが、だらだらと使わないことです。ルールを決めて使わないとＩＣＴに逆に使われているようになります。2つ目はメールやライン、ＳＮＳでは他人を非難しない(ディスらない)ことです。直接会っていないとつい言葉が強くなってしまいがちなのもＩＣＴの特徴です。3つ目は実際に会ったことのない人とのＩＣＴを使った交流は、トラブルになりやすい、特にお金がからむとトラブルになりやすいことも覚えておいてください。

デジタルタトゥー(インターネット上で消えずに残る刺青《いれずみ》のようなもの)という言葉を知っていますか？　何気なくインターネットやＳＮＳで流した写真などがいつまでも消えずに残っていることです。特に女子は愛している証拠に裸の写真を送ってくれという要求が男子からあった場合に、それは裸の写真が欲しい踏み絵で愛ではないことを覚えておいてください。

ゲームやYouTubeもそれに依存してはまってしまうのではなくて、リラックスして楽しんだり調べたりする道具として使えるようになれば長く使えると思います。

31 お金をめぐる問題

家庭の中で生活している時期はともかくとして、社会に出たあとは暮らしていくためにお金が必要になります。発達障害を抱えているとお金のトラブルを抱えることもよくあるので、知っておきたいこともたくさんあります。お金を稼《かせ》ぐことは「34」で触れます。

お小遣《こづか》いをもらっていることが多いと思います。月々定額の場合や必要に応じてなど家庭によっても違うかもしれませんが、まず使った内容を記録する習慣をつけてください。何にいくら使ったのかがわからない、いつの間にか財布の中身がなくなってしまうという習慣が子ども時代についていると、成人になってから苦労します。

まずは小遣い帳です。紙でなくてもスマホでもパソコンのエクセルを使っても構いません。お勧めは予算を立てることです。たとえば1000円の小遣いなら飲み物にいくら、コミックにいくらという感じですね。予定通りに使うことは大人でもできないことが多いですが、プランを立てることが無駄遣《むだづか》いを防ぐことにも計画的に使うことにもつながります。

お金は現金だけではありません。見えないお金、クレジットカードもあります。クレジットカードは発達障害を抱えている場合には注意が必要です。ついうっかりと使いすぎてピンチになったり、大人では破産したりすることもあります。最近ではプリペイド型(あらかじめお金を振り込んでおき、その額までしか使えない)も出てきています。コンビニのカードや交通系のカードなどもそうですね。使うとすればこちらがお勧めです。

スマホでのゲームでの課金も1回の額は少なくても、気がつかないうちに大きな金額になっていることもあります。課金があるゲームの方が面白いという声も聞きますが、ゲームを作っている方も商売なので、なるべくはまるように作っているのは当然です。

発達障害を抱えていると、初対面の人でも友だちでも、また友だちなんだからと言われたりするとだまされることもよくあります。必ずもうかる、今だけ、あなただけなどという言葉にだまされて、いらないものを大量に買った子もいます。気をつけましょうね。久しぶりに会った友だちがお金の話を始めた時にも会ったことのうれしさもあるかもしれませんが、お金を要求されたりすることも多いことを忘れないでください。

街角や、インターネットなどで強引に契約を結ばされた。後悔して連絡してもとりあってくれない。そんな時には消費生活センターに連絡するか、局番なしの188に連絡です。

32 就労の手前で

就労しようと考える前にまず何ができるかを考えてください。発達障害を抱えていると才能が隠れているという言い方をする人がいますが、それは発達障害を抱えていてもいなくても同じです。むしろ発達障害を抱えていると、社会生活に必要のないことに熱中したりするので、かえって才能が見つけにくいことがあります。

まずはいろいろなことをしてみて、好きなことを見つけましょう。好きなことを追求していくうちに才能に変わっていくことがありますが、必ずしもそれで生活できるとは限りません。しかし気持ちを切り替えられる趣味を持つことも大切です。

取り立てて才能がなさそうに思えても、日々の生活をとても規則的に送ることができる人、それにこだわる人もいます。浄水場の検査員、新聞の校正係などなどそれが要求される職業に従事することになれば才能に変わります。

何がしたいかはっきりしない時でも、資格を取っておくこともできます。自動車の運転免許証にはじまり、マイクロソフトのワードやエクセルのスペシャリストの資格、漢字や数学検定、語学の検定試験などいろいろあります。資格を取るということは、それを使う作業であれば、一定のレベルできるということになりますので、就労にも役立つことがあります。

生活習慣の確立では、やはり「清潔さを保つ」「あいさつをきちんとする」ことが基本です。見た目の清潔さは自分ではわからないので、誰かにチェックしてもらいましょう。

「清潔さを保つ」の中には手をきちんと洗う（食品系の仕事の場合には手首から先だけではなく、腕から洗い、指の間も洗う）ことや、髪やひげを整える、マスクやキャップをかぶる（食品系の仕事でしばしば要求されますが、感覚過敏があると馴れるのに時間がかかります）、つばをなめない、鼻をほじらない（トレーニング法は「49」）などいろいろあり、練習しておいて損はありません。男子の場合、洋式トイレで立って排尿すると便器の周りに尿が飛び散り、次の人がいやな思いをするので、座ってしてくださいとお話ししています。

「あいさつをきちんとする」ことは、「54」にもまとめてありますが、他人から言われる前に、自分から言うように習慣を作ってください。

なお、わが国では訓練してから就労するという考え方が強いですが、国際的には働くこと自体が訓練になるという考え方の国も多いです。

33 アルバイト

高校生や大学生にとって、最初の就労体験はアルバイトであることが多いと思います。アルバイトはドイツ語のArbeit(働く)に由来していますが、一般には時間や曜日を決めて働き、給料(多くは時間給計算ですが、支給は月に1〜2回)を貰うことになります。最近では略して単にバイトと呼ぶことも多いですね。

代表的なアルバイトにコンビニがあります。商品のバーコードを読み取ってお金をもらうだけで簡単そうに見えますが、実際にはかなり複雑です。公共料金の支払い、通信販売の振り込み、チケットの発券、宅配便などの受け付け、などなど作業内容が多いので、発達障害を抱えていて文字を読むことが苦手であったり、行動の切り替えが苦手であったりする場合にはそれなりに大変です。そのほかに掃除《そうじ》もあれば、少なくなった商品の補充もあります。

コンビニでは一般的にはカウンターをはさんでお客さんと対応します。ですから仕事別にメモを作って、それをお客さんから見えないカウンターの裏に貼っておくことをお勧めしています。それだけで混乱を防ぐことができます。それでもお客さんに言われていることが理解できなかったり、すぐに対応できなくて怒鳴られてしまったりすることもあるかもしれません。そんな時には「50」のヘルプサインの出番です。先輩や店長を呼んで、対応を手伝ってもらいましょう。それが遅れると、もっとトラブルが大きくなります。

人とかかわることが苦手でも、コンビニの商品補充やトラックからの荷物の受け取りや商品の陳列《ちんれつ》などの仕事であれば、何とかなることが多いですし、最近ではスーパーでもよくありますが、インターネットなどでの注文に応じて商品の宅配をしていることも多いので、商品をリストに沿ってそろえるピッキングの仕事などは無理なくできることが多いようです。

ファミリーレストランやファーストフード店でのアルバイトもあります。ファミリーレストランで働く場合には、レジ、ウェイターやウェイトレスなどの接客、料理の片づけや皿洗いなどの裏方の仕事があります。どれが向いているのかよく相談してから始めましょう。裏方を選択することが多いように感じています。

季節によっては郵便局での年賀状の仕分けなどの作業もあります。人とのかかわりは少ないですが、大体10日間程度の仕事です。ほかにもいろいろなアルバイトがあり、その経験が将来の職業選択につながることもあります。

34 就労とその周辺

大人になると生活をしていくために就労を考えます。発達障害を抱えている場合にも表に示したようにいくつもの就労形態があります。まずは一般就労ですが、これは都道府県によっても差がありますが、最低賃金が適用されます。正規雇用（常勤）の場合には社会保険や雇用保険（公務員の場合にはありません。失業した時に給付金が一定期間出ます）に入ることもできます。社会保険の中には医療保険なども含まれます。一般的には週に40時間の労働が多いですが、最近では在宅勤務などを組み合わせた就労も出てきています。

非正規雇用（非常勤）の場合にも最低賃金は適用されますが、勤務時間が週に30時間未満の場合でも、場合によって社会保険や雇用保険に加入できます。一般的なアルバイトなどはここに入ります。表の短時間雇用がこれに該当します。1人暮らしの場合には医療保険などは国民保険に各自加入する必要がありますし、年金負担も給与から天引きはされないので、自分で納付する必要があります。

就労のさまざま

- 一般就労（最低賃金適用）
- 障害者枠の就労（最低賃金適用）
- 短時間就労（最低賃金適用）
- （就労移行支援事業：最大 2 年：賃金なし）
- A 型の就労（雇用契約あり）
- B 型の就労（雇用契約なし）
- 福祉的就労（居場所の提供？）

障害者手帳（「35」）を交付されている場合には障害者枠の雇用もあります。一般には２０２０年からは２・３％の障害者を雇用することが義務づけられていますが、ここでいう障害者は発達障害だけではなく、身体障害も知的障害も精神障害も、手帳を交付される障害すべてを含みます。社会保険や雇用保険も障害を抱えていない人と同じように加入できます。一般雇用としての障害者枠のほかに、特例子会社（障害者雇用のために、親会社が損《そん》益《えき》通《つう》算《さん》ができる会社として設立）での就労もあります。すべて最低賃金が保障されていますが、特例子会社の場合には週に40時間ではなく、社会保険などに加入できる週30時間に勤務時間を設定していることもあります。その場合には収入は40時間労働の約４分の３になります。

　その次の就労移行支援サービスは就労ではなく、多くは利用料金を払って就労するためのトレーニングなどを行います。最大2年とされていますが、それより前に就労することもあります。就労移行支援サービスを行っているところは数多く、それぞれで行っている職業訓練などの内容は質も含めてさまざまです。簡単に就労先が見つからない場合にはこうしたサービスを受けて就労に結び付けることもあります。特別支援学校高等部を卒業した場合、読み書き算数などの学習能力が十分ではないことが多いので、それらの学びなおしをしてから就労移行支援サービスにつなげるところも数は少ないですが出てきています。

A型とB型の就労については、雇用契約以外に就労内容についても差がありますし、制度設計上の課題から数年以内に制度変更が行われる可能性があります。どちらも就労支援が行われていますがA型は最低賃金以上、B型は授産所の賃金が支払われます。2019年時点で月額の給与はA型で6～8万円、B型で1～2万円が多いようです。

多くの市町村に設置されている福祉作業所は、軽作業を行うとともに昼間の居場所の提供の役割もありますが、収入は月に2～5千円程度が多いようです。後述の障害基礎年金がないと生活することは難しいようです。

以上が現在の就労の全体像ですが、可能であれば一般就労を目指し、それが難しい場合には、さまざまな就労形態を検討することが多いと思います。もちろん就労を目指すとしても、知らない職業は選べません。どんな職業があるのか、好きなことでどんな仕事ができるのか、村上龍さんの13歳のハローワーク[39]には600以上の職業が掲載されていますし、発達障害のハローワーク[40]には発達障害を抱えた方が実際に就労した職業が紹介されています。

都道府県や政令指定都市などには発達障害者支援センターが設置されており、発達障害全般の相談ができますし、就労相談も受け付けています。就労先をあっせんしてくれるハローワークの中にも、発達障害など障害者就労を専門にしているところもあります。

成人になってからの就労では、やりたいことでお金が稼げるとは限りません。生活していくためにお金を稼がなければいけないことの方が多いかもしれません。その場合に必要なことは趣味を持つことです。それによって気分転換できるという意味もありますし、趣味から就労につながっていくこともあります。発達障害を抱えて就労が持続しないこともありますが、あきらめなければやり直しはできます。

35 障害者保健福祉手帳・障害基礎年金など

発達障害を抱えている場合には、医療機関での診断書に基づいて障害者保健福祉手帳（以下単に手帳）を取得《しゅとく》することが可能です。現時点では発達障害は精神障害の中に位置づけられていますので、精神障害の手帳の取得になります。手帳には身体障害、知的障害、精神障害の3種類があり、障害が重なっている場合には複数の手帳を取得することも可能です。

障害者へのさまざまなサービス（等級によって税金や公共料金などが安くなることがあります）を受けること、障害者枠での就労、障害基礎年金の取得などに際しては手帳の取得が必要になることが多いです。なお放課後等デイサービスの利用には市区町村発行の受給者証は必要ですが手帳は必要とされませんし、18歳以下で受給できる場合にある特別児童扶養手当（所得制限があります）の申請《しんせい》も手帳がなくても可能です。

手帳は都道府県の障害担当部門で申請書と診断書様式を交付してもらい、医療機関で診断書の記入を依頼します。診断書は、身体障害の場合には指定医である必要があり、知的障害の場合には多くの場合に児童相談所で知能検査のあとに発行されます（18歳までで、それ以降は医療機関での診断書になります。東京都などでは愛の手帳と呼ばれています）。精神障害の手帳は精神科を診ている医療機関で書いてもらうことになります。

障害基礎年金は20歳以前から障害を抱えている場合に、20歳を過ぎると申請することができる年金で、障害の程度により1級と2級があります。将来の障害基礎年金の受給を考える場合、発達障害（自閉症、自閉症スペクトラム障害、アスペルガー症候群、高機能自閉症、学習障害など）で医療機関を受診した場合、医療機関の領収書は、なるべく初診あるいは近い時期のものを保存しておいてください。医療法上の診療録の保存は5年なのであとではわからないこともあります。成人までに手帳を取得しておくことで、20歳より前から障害があったことを示すこともできます。

手帳も取れず、就労もできず、収入の道がない場合には、生活保護を申請することもできます。市区町村の福祉事務所で申請しますが、資産があったりする場合には申請が却下されることもあります。

障害者向けのサービスは全国一律ではなく、都道府県によっても、また同じ都道府県内でも市区町村によって異なる場合がしばしばです。問い合わせてみてください。

36 友だち

友だちってなんなのでしょうか？　いなければいけない？　1人でいても別に困っていなければそれでいい？　いろいろと考えますね。でも1人でいることも誰かと一緒にいることも、どちらも大切です。「16」でお話ししたように暮らしていく上ではほかの人とのかかわりが必要になることが多いですし、それは家族だけではありません。

友だちは多ければよいというものではないと思います。いろいろな価値観や、金銭感覚、生活の感覚が共有できるとうれしいですが、共有できなくても許容できればそれでよいのだと思います。それは同性でも異性でも基本的に同じです。

誰にでも自分を認めてほしいという承認欲求《しょうにんよっきゅう》があります。物やお金と引き換えではなく、あなたのことを認めてくれる人が友だちです。仲間と友だちの違いは、仲間はグループですが、友だちはみんなで「一緒に」のこともあれば「一対一」のこともありますね。

親友、心から信頼できる友だちがいないという相談を受けることもあります。本当に仲の良い友だちは何十人もいるわけではありません。小学校時代にはいわゆる幼なじみは別として、大人になっても続く友だちはなかなかできないかもしれません。中学生、高校生になって、自分を大切にそして相手も大切にできるようになってくれば、大人になるまで続く友だちができるかもしれません。私も高校時代に知り合った友だちと、50年以上たちますが、まだときどき会ったり、話をしたり、メールをしたりしています。

吉本ばななさんの本には[25]、「ほかの人が悪く言っている時にあなたを守ってくれるかどうか」が友だちかどうかの分かれ目と書いてありました。名言だと思いました。生きていればうれしい事も悲しい事もあります。いろいろな時に時間や空間を共有することができればよいですね。女子は村上由美さんの本[41]も参考にしてみてください。

気をつけなければいけないことは「友だち」の押し売りです。しばらく会ったことのない人から「友だちだよね」「友だちだったよね」と連絡が来ることがあるかもしれません。そんな時にはお金の話や頼みごとの話が出てくることがよくあります。「友だちだからしてあげなくちゃ」と考えて行動する前に考えてみてください。あなたに連絡してきた人は、あなたからお金をもらいたかったり、頼みごとを引き受けてもらいたかったりするので連絡してきただけです。ずるずると引き込まれないで、断る時には、はっきりと断りましょう。

37 料理・洗濯《せんたく》・掃除《そうじ》

料理、洗濯、掃除は習慣として身につけておく、あるいはしようと思えばできるようにしておいた方が、大人になってからの生活は楽です。もちろんプロになるというわけでもありませんし、今では料理でもＩＨヒーターや電子レンジもあります。洗濯も洗濯機やコインランドリーを使うことが多いと思います。掃除だって掃除機もあれば、お掃除ロボットもありますね。使える道具はもちろん使っても構いません。

ひとり暮らしの教科書(42)、自炊力(43)という本があります。ひとり暮らしの教科書は大学に進学したり、就職したりして家族から離れてひとりで暮らす時に読む本として勧めています。不動産屋さんでの契約からクレジットカードを作ることまで、イラスト入りで解説してあります。ひとり暮らしをしていなくても読んでおいて損はないかもしれません。

自炊力の本では自分で作ることだけではなく、コンビニの食品の利用法やちょい足しのやり方など、栄養のバランスを考えながら食生活を維持する方法が書かれています。これもひとり暮らしをしていなくても役立つかもしれませんね。

料理は、ご飯は炊飯器か電子レンジを使うとして、あとは味噌汁を作る（だし味噌を使っても構いません）、野菜炒め（肉ややきそばを入れても構いません）を作ることはできるようにしてくださいとお話ししています。子どものころから料理を手伝ったり、自分で作ったりする機会があれば、技術も習得しますし、趣味にもなりますね。

レストランなどではオープンキッチン、すなわち料理を作っているところを見ることができる場合もありますね。プロの料理にはヒントがたくさん隠されています。

洗濯は洗濯機に任せるとしても、洋服などの生地によっては、まとめて洗えません。クリーニング屋さんにお願いしなければという場合もあります。タグの表示を見ておく習慣も早めにつけておくことをお勧めしています。

掃除は掃除機だけではなく、トイレ掃除、風呂の掃除なども含まれます。トイレ掃除はこまめにする必要があるので、お小《こ》遣《づか》い稼ぎを兼ねて、子どもの時から習慣にしてくださいとお願いすることもあります。

大人になって、あるいはひとり暮らしをするようになって突然全部できるようになることはありません。少しずつ準備していきましょうね。

38 清潔にする、見た目は大切

発達障害を抱えている場合には、しばしば清潔感がないと言われることがあります。ADHDではボタンが1段ずつずれていたり、左右の靴下が違っていたりもします。自閉症スペクトラム障害では服装などへの極端なこだわり(1年中、ブーツをはかないと出かけられないなど)があったり、そうかと言えば着るものに関心がなかったりする場合もあります。

清潔感がないと学校に通っている時にはそれほど困らないかもしれませんが、社会に出ると評価が低くなる原因にもなります。これは女子にお化粧《けしょう》を勧めているのではなく、あくまで清潔にということです。清潔の反対語は不潔です。

手を洗うこと1つをとってもきちんと指の間まで洗うことも必要ですし、将来食品系の仕事をするかもしれないと考えるのであれば手首から先だけではなく、もう少し上から洗う練習もしておいた方がよいと思います。

髪を洗う、シャワーを浴びる、体を洗う、ひげをそる、歯をみがく、こうしたことはすべて清潔を保つために必要なことです。これらはできて「あたりまえ」で、できなければ「問題あり」と判定されかねません。「49」でもお話ししますが、鼻をほじくる、耳をほじくるという行動は著しく評価を下げるかもしれません。しないためには練習が必要です。

ハンカチとティッシュペーパーを持ち歩く(可能なら髪をとかすブラシや鏡も)ことも必要なのですが、持ち歩いていない、持ってはいるけれどもどこに入れたのかがわからなくてすぐに出てこない。よくある話です。冬服の時には上着のポケットに入れているけれども、夏服で上着がないと忘れる。これもよくあります。どうしても忘れそうな時には小さなベルトポーチのようなものをつけて、その中に入れておいてくださいとお話ししています。

見た目も大切です。自分で鏡を見て確認してもよいのですが、その確認は自分の判断になり、社会の中でほかの人の判断と同じであるとは限りません。好きな格好をしていてもよいのかもしれませんが、それがどのように他人に判断されるかはわかりません。

女子の場合には着ている洋服や化粧によっては、残念ながら性被害にあう可能性も増えます(裸で電車に乗っていてもおそわれるべきではないことは明らかですが、実際にはそうとはかぎりません)。男女を問わず、ときどきは親でも友だちでも構いません。他人に見た目をチェックしてもらうことを勧めています。

39 睡眠

発達障害、特に自閉症スペクトラム障害を抱えていると、睡眠の障害を抱える割合が高いことが知られています。睡眠の障害には大きく分けて入眠《にゅうみん》障害(なかなか寝付けない)、中途覚醒《かくせい》(夜中に目が覚めて眠れない)、早朝覚醒(朝早く目が覚めてしまう)、リズム障害(短い睡眠時間と長い睡眠時間が交互にくりかえしている)などがあります。

睡眠時間はそれぞれの人によって適切な時間が異なりますが、成人では7時間前後が多いとされています。思春期にはそれよりも長いことが普通ですが、実際には夜更かしをしたりしてそれよりも短くなっていることもしばしばです。

どのような睡眠ならば質の良い睡眠と言えるのでしょうか? 答えはおそらく「朝、すっきりと起きられること」と思います。ですから朝すっきりと起きられない場合には、睡眠時間が短すぎるか、睡眠の質がよくないことを考えます。

表に睡眠の質を上げるための注意点をいくつか挙げました。適度の運動は寝つきをよくし

睡眠の質を上げる

- 昼間に運動する（体を動かす）
- 寝る前 30 分にスマホやタブレットを見ない
- 食事をしてから 2 時間以上あけて眠る
- 15 時から 20 時の間は昼寝をしない
- 昼寝は 15 時までにして 1 時間を超えない
- 起きる時間をなるべく一定にする
- 生活時間全体をずらす

ます。疲れすぎて眠りこけてしまう場合には寝つきは良くても、中途覚醒が起きる場合があります。寝る前にスマホやタブレットを眺めていると寝つきが悪くなることも知られています。寝る前30分は避けてくださいとお話ししています。食事についても同じで、食後2時間以上たってから眠りにつくことをお勧めしています。

睡眠の質がよくない場合には昼間に眠くなり、昼寝をすることがありますが、15時までに1時間以内の昼寝であれば夜の睡眠への影響は少ないと思います。起きる時間を一定にする方法もありますが、思い切って起きる時間を遅くして1日の生活リズムを遅くすると、睡眠の質が上がることもあります。

40 運動

発達障害を抱えていると、行動やコミュニケーションの課題が目立ち、運動は軽視されがちです。しかし体を動かすことは生活リズムを整える上でも大切ですし、逆にストレスを抱えていると体を動かさなくなり、そしてまたストレスが増えるという悪循環に陥《おちい》るような気がします。

中学校や高校では体育の時間がありますが、週に数時間の体育で十分かと言われると、それでは足りないように思います。中学校から大学まで、運動部に入っていればどうでしょうか。十分な場合もあれば、過剰な場合もあります。

激しい運動を続けていると貧血が起きやすくなることが知られています。なぜそうなるかはまだ解明されてはいませんが、運動していて走る、泳ぐスピードが遅くなった、息切れしやすくなったと感じた場合には、もっと練習すれば何とかなるではなく、医療機関を受診してください。運動後に氷を食べる習慣も貧血が起きやすくなります。

女子の場合には激しい運動を続けていると無月経（生理が止まってしまうこと）になることもあります。それは体が発している、運動しすぎだというメッセージなのです。思春期の女子の運動部の活動で生理が止まるまで運動することは勧めていません。

中学校でも高校でも進学前に部活を引退すると運動量は激減し、反対に体重が増えることがよくあります。これは大学生が就職活動を前に引退した時にも同じことがあり得ます。引退した時に運動量をいきなり落とすのではなく、ジョギングやウォーキングの習慣をつけてくださいとお話ししています。

不登校やひきこもりになれば運動量は減少しますし、昼夜逆転になればなおさらです。家から出られなくても、ゲーム機を使って室内で運動することもできますし、小型のトランポリンもあります。室内を歩くという方法もあります。ちょっと汗ばむ程度で構いません。１日に一度は体を動かしましょう。それが気分の落ち込みを防ぐことにもつながります。

運動習慣がない場合には、まず30分のウォーキングを勧めています。２㎞からはじめて３㎞を40分以内に歩くことが目標です。そうすると冬でもよほど寒くなければ、少し汗ばむと思います。それを続けることで生活リズムもできてきますし、朝歩けば昼夜逆転も起きにくくなります。自転車の場合には20分以上を勧めています。

41 セルフ・エスティームとそれに関連する欲求

セルフ・エスティーム(self-esteem)という言葉を知っていますか？ 自己《じこ》肯定感《こうていかん》とか自《じ》尊《そん》(自分を大切にする、思うということ)感情などと訳されていますが、自分に自信を持てることにもつながるかもしれませんね。それが自分の希望を実現していくことにもその基礎には、最初にもお話しした、身体心理社会(bio-psycho-social)な、すなわち体や心や社会生活での欲求があります。

自己実現に向けた人間の欲求をまとめたものとしては、70年以上前にまとめられたものですが、アブラハム・マズロー(Abraham H. Maslow)の5段階理論[44]が有名であり、また理解しやすいと思いますので簡単に説明します。英語でも読みやすいです。

図のように5段階のピラミッド構造になっており、一番下の段がもっとも基本的な身体的・生理的欲求です。呼吸すること、水や食料、性的欲求、睡眠、体のバランス、排泄《はいせつ》などが入ります。もっとも基本的なbio：身体の欲求です。その次は身体や雇用や家族や健康や財産などへの安全の欲求です。次の段は友だちや家族や異性や同性との愛情やそこに所属していることの欲求です。ここがpsycho：心に該当します。そこまで満たされると、欲求はさらに高度になります。

マズローの5段階欲求

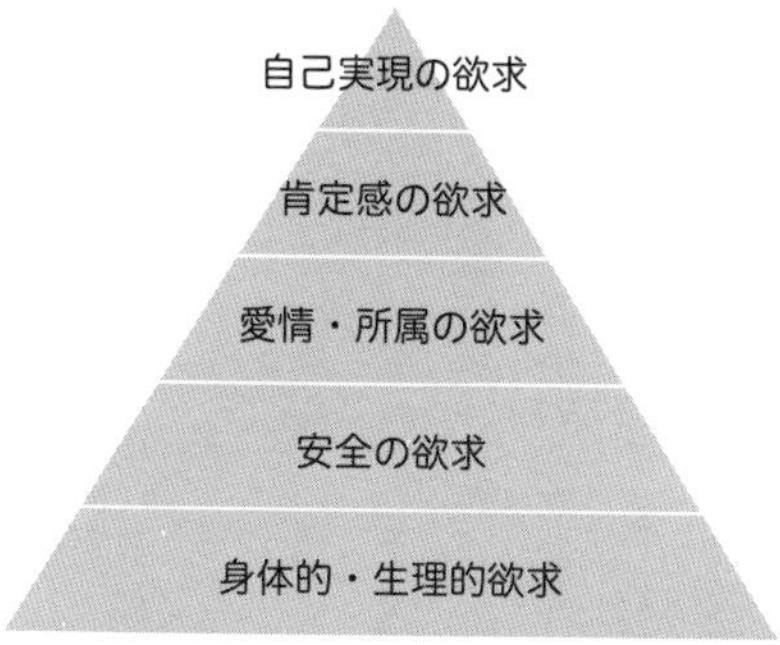

肯定感の欲求では、自己肯定感や自信、達成感、自分から他人、他人から自分への尊重などが含まれ、最上段になると自分の能力を引き出して社会で活動していくための自己実現の欲求になります。ここにはモラルを守ること、何かを創り上げること、何かをし続けること、困難を解決すること、偏見《へんけん》を持たないこと、そこにある事実を見つめることなどが含まれています。ここはsocial：社会ということになりますね。

　こうした段階を追って、セルフ・エスティームを維持し、自分のやりたいことに取り組めるようになりたいですね。

42 社会的妥協《だきょう》

社会で生活をしていると、いろいろなことがいつも自分の思い通りになるとは限りません。気に入らないことも嫌なこともありますが、そこでいちいちけんかをしているわけにもいきません。すべてに黒白がつくわけではなく、いつも勝つわけではないことを考えると、うまくいかない時に「まあいいか」と考える、「社会的妥協」も時には必要になります。

興味のない事であれば別かもしれませんが、誰でも競争した時に負けるのはうれしくありません。しかしそこで機嫌の悪い顔をし続けていると、結果が受け入れられないことが明らかになり、「潔《いさぎよ》くない」「負け惜しみをしている」など、評価が下がることが多いです。

外来ではじゃんけんをして、負けたら「まあいいか」を言う練習を一緒にしています。最初はなかなか言えませんが、練習しているうちに「いやいや」から「さらっと」言えるようになります。じゃんけんならともかく、運動会や試験での失敗や負けは、なかなか納得できないこともあるかもしれませんが、「努力して負けても経験が残る」とお話ししています。

電車の中で高校生がタバコを吸っていて、注意したら殴られてけがをした。普通はその場で注意しないで、駅員さんに通報したりすることが多いと思いますが、発達障害を抱えている場合に、しばしば「タバコ」「高校生」「違反」という思いが先に立って「見て見ぬふり」ができません。誰かを守るためにあえて言わなければいけない場合もありますが、見て見ぬ振りが必要なこともあります。

譲《ゆず》りたくないけれども席を譲る、順番を譲るということもあります。うっかり電車などの優先席に座ってしまってスマホを眺めていた時に、注意されてトラブルになることもあります。並んでいることに気づかずに割り込みと非難されることもあります。あたりをよく見まわしてから行動することも、「47」でお話しするクールダウンにつながることでもありますが、普段から心がけたいです。小さく人差し指を出して周りを指さしながら確認する練習も役に立ちます。

電車に乗る時に入口の手すりにつかまって立つ（狛犬《こまいぬ》ポジションと呼びます）ことにこだわり、トラブルになることもありますが、基本は手すりではなくつり革にしましょう。

行きたくないけど参加する、付き合いで一緒に帰る、こうしたことも社会的妥協の範囲に入ります。妥協が嫌いな人も多いですが、生きていくためには必要なこともあります。

43 医療との付き合い方

体調が悪かったり、気分がすぐれなかったり、インフルエンザなどの予防接種を受けるためなども含めて医療機関を受診することがあると思います。もちろん発達障害を抱えていて医療機関を定期的に受診しておられる方もいるでしょうし、そこに相談すれば大体のことは解決するという場合もあるかもしれません。しかしながら発達障害に幅広く対応できる医療機関が多くはない事や、精神科など身体症状についてはそれほど診てもらえない場合もあるようです。

まず自分の健康シートを作りましょう。ＱＲコードも参照してください。いままでに大きな病気をしたかどうか、家族に多い病気があるかどうか、いままでに飲んで調子が悪くなったことがある薬は名前を必ず記録しておいてください。気管支喘息《ぜんそく》やじんましんが出やすいなどのアレルギー、いままでにけいれんやてんかんがあったかどうかも書いておきましょう。ビタミン剤やサプリメントを含めて、普段飲んでいる薬があるかも記録に入れます。そのほかに、錠剤《じょうざい》を飲むのが苦手とか、下痢しやすいとかも書いておきましょう。

処方された薬を飲む時には、かかりつけの場合でも同じですが、薬を処方されて受け取ったら、カレンダーに飲む回数分の○をつけておいて、飲んだら線で消す方式をお勧めしています。飲み忘れや、飲んだかどうかわからなくてもう一度飲むなどは避けましょう。

かかりつけ以外の医療機関に受診した時の順序です。まず何を診てもらいたくて来たのかという主訴《しゅそ》を話してください。うまく話せないかもしれないと思ったら、メモしていくこともお勧めです。スマホを使っても構いませんが、スマホを見ながら話す時には「順序良く説明するのが苦手なので」と話しておいた方がよいと思います。

つぎは経過です。これも時間の流れに沿って説明することになりますので、メモやスマホを見ながら説明する方がうまくできるかもしれません。その症状がいつからあって、いつから強くなったのかという時間経過を説明しないと、医師は症状を整理できません。

医師の説明はメモすることがお勧めです。了解が得られればスマホなどで録音しても構いません。説明の途中で口をはさまないで、終わったらメモを見ながらわからないところを聞いてみてください。薬局で薬をもらう時にも、同じように説明をメモして、わからない時には聞き返すことです。こうした手順が1人でできることを目指しましょう。

44 二次障害と併存《へいぞん》障害

発達障害の二次障害（本来の症状ではなくて、本来の症状で苦労しているうちに別の症状が出てうまくいかなくなる）という表現をよく見かけますが、最近では二次障害ではなく、もともとあった病気がある年齢から明らかになってくる併存障害であるという考え方も強くなってきました。たとえば発達障害の基本症状からいじめや教員による不適切な指導にあって不登校になるという場合は二次障害と考えてもよいかもしれません。

しかしうつ病や強迫性《きょうはくせい》障害、パニック障害などは、二次障害として取り扱われることもありますが、最近では併存障害で、それが年齢や環境などの要因で明らかになり、対応が必要になってきているのではないかという考え方が強くなりつつあります。

うつ病はやる気が出ないという症状に代表されますが、しばしば「気合が足りない」など と精神論に置き換えられ、治療が遅れることもあります。思春期には誰でも気分の変動が大きいですが、落ち込みが続く場合には精神的な問題ではなく身体的な病気が隠れていることもあります。医療機関に相談してみてください。

強迫性障害は手が汚いという強迫観念から手を洗うのがやめられなかったり、他人が触った机を汚いと感じて拭《ふ》き続けたりという症状のために、日常生活がうまくいかなくなることがあります。手を洗うのも20分以上洗うことも珍しくありません。トゥレット障害を抱えていることもあります。カウンセリングや投薬が必要な場合が多いです。

パニック障害は特定の場面などで感情のコントロールができないパニック症状を起こしますが、たびたび起きて困る場合、一度起きたのでまた起きるのではないかという不安（よき不安と言います）などが見られます。やはり医療機関の受診を勧めています。

カタトニア（緊張により動きが止まってしまうなど）は、自閉症スペクトラム障害の症状として扱われていることもありますが、DSM-5⑹では別に位置づけられています。

発達障害の併存障害として多いものの1つに「てんかん」があります。一般人口よりもてんかんと診断される割合は高いとされています。手足をバタバタさせるようなけいれん発作が見られる場合や、数秒の意識消失が見られる場合など、発作はさまざまな形ででてきます。脳波検査や脳画像検査などを医療機関で行い、診断してから抗てんかん薬を飲むことが多いです。薬の飲み忘れは発作につながるので「43」のカレンダーチェックです。

45 法律をめぐって

世の中には善悪のルールがあるということがよく言われますが、善も悪も具体的ではなく抽象的な概念なので、発達障害を抱えていると「よいこと」「わるいこと」と言われてもすぐには納得できないことがよくあります。

「よいこと」がわからなくても「わるいこと」は法律が教えてくれます。法律全体で基本になっているのは憲法ですが、これは全体としての国民や国の在り方についての規定であり、個々の行動について定めているものではありません。

法律に定められていることは、成人であれば基本的に知っているものとみなされます。「知らなかった」では済まされません。知らないうちに犯罪者になっていては困りますので、法律の知識は欠かせません。道徳の授業に変えて法律の授業が欲しいくらいです。

わかりやすいのはまず刑法です。生命、自由、財産、人権などを守るためにしてはいけないこと＝「犯罪」が並んでいます。手引きのやさしい本(45)も出ていますが、死刑、懲役《ちょうえき》、禁錮《きんこ》、拘留《こうりゅう》など自由を拘束《こうそく》する刑罰や、罰金、科料、没収などの財産に対する罰もあります。人を殺したら、けがをさせたら、物を盗んだら、誰かを脅したらなど、そうしたことをしたらどんな罰が待っているかが細かく書いてあります。

次に借りたお金を返すとか、土地を借りる契約をするなどの手続きも大切です。こうした生活上のことについて定めているのが民法です。民法からいじめまで含んだやさしい本も出ています。(33)借りたお金を返してもらえない時の手続きや、意に反した契約を結んだ時などの対応、結婚(法律では婚姻《こんいん》と言います)や離婚、財産の相続に至るまで決められています。よく親戚という表現を使いますが、法的には親族として細かく規定されています。

そのほかにも多くの法律があります。障害者手帳については「35」でお話ししましたが、障害全体に対しては障害者基本法で定められていますし、雇用については障害者雇用促進法、合理《ごうり》的配慮《てきはいりょ》については障害者差別解消法など多くの法律があります。障害基礎年金については国民年金法の中に入っています。

収入がなくて生活ができない時には市町村の福祉事務所で生活保護を申請《しんせい》することができますが、福祉関係の法律は困っていれば手を差し伸べてくれるわけではなく、申請が基本です。知らなければ申請もできません。ですから法律の知識が必要になります。

46 セルフコントロールはなぜ重要か

日常生活の中では腹が立ったり、いらいらしたり、自分にとって「気に入らない」状況は、ない日がないと言ってよいほどしばしば起きてきます。しかしその都度、気に入らないからキレたり暴れたり暴言を吐いたりしていたら、周りが引いてしまって、あるいは犯罪になってしまって社会生活を送ることが困難になります。

たとえば誰かに嫌なことを言われてかっとなったとしましょう。怒りが抑えられなくて目の前の看板を思わず思い切りけとばしました。しかし向こう側にいる人にそれが当たって、骨折してしまいました。小学生ならあやまりに行けば何とかなるかもしれません。中学生以上ならたぶん警察に事情を聞かれるでしょう。20歳以上ならまず警察に逮捕《たいほ》され、留置場に入れられてしまうと思います。

この場合、ける前にあたりを確認すればよかったのでしょうか。それもあるかもしれませんが、基本はかっとなった自分を、自分でクールダウンさせ、冷静になることです。それがセルフコントロールです。さまざまな場面で必要になることが理解できると思います。

小学生で消しゴムを隠されたので、腹を立てて相手の子にハサミを突きつけたという話を聞きました。確かに先に手を出したのは相手ですが、であればどんな仕返しをしてもよいということではありません。消しゴムを隠すという行為とハサミを突きつけるという行為は、後者の方が危険であることからしかられてしまうでしょう。隠された時にセルフコントロールして冷静になっても構いませんが、行動をお金に換えて考える方法もあります。

消しゴムはたぶん1個100円くらい、ハサミが刺さったら病院に行くから1万円以上必要になるかもしれません。100円とられたから1万円取り返すのは変ですよね。このように説明すると理解できることが多いので、少しは冷静に対応することができます。

行動だけではなく、コミュニケーション課題も含めてセルフコントロールが必要な場面はたくさんあります。発達障害を抱えていればそうした場面はとても多いかもしれません。しかし困った場面で暴れたりして注意されたりしかられたりするよりも、セルフコントロールをして上手に乗り切った方が、暮らしやすいと思います。

セルフコントロールは頭で考えているだけではできるようにはなかなかなりません。繰り返し練習して、少しずつできるようになってきます。

47 ★トレーニング1 セルフクールダウン

腹が立った時の怒りのエネルギーはものに当たるのではなく、自分の両手を握りしめて10数える練習を勧めています。両手を力いっぱい握りしめてゆっくりと10数えます。外来診療でもときどき一緒にしてみています。力いっぱい握ることに集中すると怒りのエネルギーは消えていきます。

まずクールダウンするために練習するわけですが、目の前にいる人が突然手を握りしめてきたら殴《なぐ》られるかもしれないと、危険を感じるかもしれません。私は首からヒモで鍵《かぎ》をぶらさげておき、鍵を握って、怒りのエネルギーを10数えてしずめる方法をお勧めしています。

そのほかにもペンダントを握る、ネクタイを握るなどもありますが、すごいなと思ったのは耳たぶを10数える間押さえてクールダウンするという話を聞いた時でした。深呼吸をして徐々にしずめるという方法もありそうですが、怒りが高まっている時には難しいかなと思います。「48」のカウントダウンを使うこともあります。

　その場でクールダウンする以外に、場所を変えて落ち着くという方法もあります。私はシェルター（避難所《ひなんじょ》）と呼んでいますが、自分のお気に入りのスペース、たとえば階段の後ろとかロッカーの横とか、そういうところに行くこともありますし、その時に砂時計を持って行って砂が落ちるのを見ながらクールダウンする方法もあります。

　オランダで始まったスヌーズレンというスペースもあります。少し薄暗くして落ち着けるようにして、小さな音量で静かな音楽を流したりすることが多いのですが、落ち着ける場所を持つことは、発達障害を抱える場合には、実は抱えていなくてもですがリラックスし、怒りのエネルギーを下げることにつながります。なかなか学校などでは難しいでしょうが、空き教室を少し暗くするとか、カウンセリング用の小部屋を使うとかいろいろな方法を工夫することができます。カームダウンスペースとも言われます。心がつらくなったりきつくなったり悲しくなったりした時にパワーチャージする場所にもなりそうですね。

48 ★トレーニング2 カウントダウン

テンションが上がってしまって、なかなか元に戻らないことも、発達障害を抱えているときどきあります。みんなは静かになっているのに、自分だけ声を出し続けていて、気がついて恥ずかしい思いをした。そんな経験はありませんか？ テンションが高いままだと、周りや先生に注意されるかもしれませんし、トレーニングで何とかなるならやってみる価値はあると思います。

基本は3、2、1、0を最初は声に出して、できるようになったら心の中でのカウントダウンです。「49」の「心の中で言う」も参考にしてください。カウントダウンの習慣がついてくると、自分で落ち着くためのセルフクールダウンにもつながりますし、カウントダウンしている間に落ち着くこともできるようになることが多いです。手を動かしたくなるような時にはハンドスピナーのようなフィジェット（手遊びをして気をそらすもの）を使うこともあります。

カウントダウンには別の使い方もあります。何かを始めよう、しようと思うのになかなか取り掛かれない時に、たとえば10からカウントダウンをして0になったら始めようと考えて、口に出してあるいは心の中でカウントダウンしてみます。数えているうちに少しずつ心の準備が始まります。発達障害、特に自閉症スペクトラム障害を抱えていると、行動を切り替えたり、始めたりすることが苦手であることがよくあります。そんな時にはカウントダウンをして切り替える、行動を始めることを勧めています。

逆にADHDを抱えていると、考えないですぐに行動して失敗することもあります。そんな時にも安全にかかわる時などは別ですが、カウントダウンして少し余裕を持って、あるいは冷静になってから行動を起こした方が、より失敗が少ないかもしれませんね。

カウントダウンは時間を減算して声で知らせてくれるカウントダウンタイマーも市販されていますが、その時の気分や状況によってカウントダウンする速度やタイミングが変わるので、声あるいは心の中で、自分のペースで数えるのが基本です。

逆に0からスタートして10になったら始めるというカウントアップを使う方が好きな方もいます。数を数えて自分の行動をコントロールする方法は、応用範囲がとても広いので、いろいろ試してみてください。

49 ★トレーニング3 心の中で言う、心の中でする

「もういやだ」「早く帰りたい」「やめろ」「早くしろ」など、心の中で思っていても口に出して言うとトラブルになりやすい表現があります。思っていても口に出さない。発達障害、特にADHDを抱えている場合にトラブルの原因になりやすいです。

こういう言葉は「心の中で言う」練習が必要です。外来診察の時にも、よく練習してもらっています。最初は「もういやだ」を口に出して5回言います。次に指を折りながら心の中で5回言う練習をします。すぐにはできるようになりませんが、心の中で言う練習は実際にしてみなければうまくはなりません。練習することも大切ですが、うまく心の中で言えた時には次の外来診察の時に教えてくださいと話しています。それが言えたらハイタッチです。

ちょっとしたこだわりで、すぐに鼻や耳の穴に指を入れたり、入れた指を回したりする人もいます。自閉症スペクトラム障害を抱えているとよくあるこだわりでもありますが、1人ぼっちならともかく、誰かが見ていると清潔感がないと判断されかねません。「32」にも書

きましたが、就労にあたっての重要なポイントの1つです。

この場合の練習も同じです。外来受診の時に実際に鼻や耳の穴に指を入れる動作を5回繰り返します。恥ずかしがっていても練習はしてもらいます。繰り返したら今度は心の中で同じ動作を繰り返す練習です。やはり指を折りながら5回繰り返します。これはなかなかできるようにはなりません。できるようになってもついうっかりと指が伸びてしまうこともあります。できれば毎朝、出かける前に練習してくださいとお話ししています。

男子では突然、むらむらとして陰茎《いんけい》に触りたくなることがあるかもしれません。もちろん人前で触るわけにもいきませんが、心の中で触る練習をしても、その意識があるだけで陰茎は硬く大きくなってしまうかもしれません。取りあえず、人のいないところ、トイレの個室などに入ってクールダウンしてください。体育座り(床におしりを下して膝を曲げて両手で抱える)をしてクールダウンする方法もあります。

独り言が止まらなくて注意されることもあります。電車の中で独り言を言い始めると変な人がいると誤解されて周りから見つめられることもあります。独り言は意識しないで口から出ていることも多いので、練習で止めることは簡単ではないですが、個室で言う、心の中で言う、練習をしてみましょう。

50 ★トレーニング4 ヘルプサイン

困った時に困ったというヘルプ(助けて)サインを出す。これは生きていくためにも、とても大切なことです。発達障害を抱えていると、コミュニケーションの苦手さから、ヘルプサインが適切に使えなくて困っていることがよくあります。スマホがあれば何とかなると考える人もいると思いますが、実際にヘルプサインを言葉で出さなければいけないことは意外に多いのです。ヘルプサインを適切に出すためにはときどき練習しておくことも必要です。口に出して練習していない言葉は、いざという時にすぐには出てきません。

代表的なヘルプサインは「困っています」「わかりません」「教えてください」「お願いします」「助けてください」「どうしたらいいでしょうか」などです。道に迷ってしまった時、財布などを落としてどうしたらよいかわからない時には「困っています」で、誰かにヘルプをお願いします。誰でも良いというわけではなく、警察官や駅員をはじめとして制服を着ている人にお願いしてみましょう。

道を聞かれてわからなかった時や、知らないことを聞かれた時には「わかりません」を使いますが、それだけではなく、どうすれば相手に情報が伝わるのか、たとえばもう少し歩いたところに交番があるからそこで聞いてみてとか、何かで調べてみましょうというなどの答えになります。しばしばトラブルになるのは、わからないのに黙っている、わからないのに適当に答えることです。わからない時にはきちんとそう言いましょう。

誰かに何かをしてほしい時や、やり方がよくわからないのでやって見せてほしい時には「お願いします」の出番です。してもらった時には「ありがとうございます」です。

誰かに追いかけられた時、痴漢にあっている時、それは非常事態ですからとにかく「助けてください」をはっきりと言うことが必要です。黙っているとけがをしてしまったり、被害が続いたりします。制服を着た人があたりにいない時には、誰でも構いません。もちろん誰かが助けてくださいと言うのを聞いた時にはできるお手伝いをしましょう。

何をすればよいかがわからない、することがたくさんあって何から手をつけたらいいかわからない、こんな時には「どうしたらいいでしょうか」の出番です。聞いたからすぐに解決するとは限りませんが、まずは相手に伝えることがトラブルを防ぎます。こんなふうにいろいろなヘルプサインがあります。頭の中だけでなく口から出してみてください。

51 ★トレーニング5
収納と整理

特にＡＤＨＤを抱えていたりすると、片づけや整理整頓《せいとん》が苦手と言うことがよくあり、散らかしっぱなしで注意されたりしかられたりすることもあります。私自身も整理整頓は苦手なのですが、相談などで訪れる人がいる自分の事務所などは来客前にざっと片づけます。

散らかっているように見えても、自分ではどこに何があるかわかっているので困らないと言われることもありますが、実際にはどこにいったかわからなくなって困った経験を持っていることが多いようです。ＡＤＨＤを抱えているとネガティブな経験を忘れようとする傾向があるのかもしれません。

発達障害を抱えると話されている村上由美さんの本では、片づけが苦手であった村上さんが片づけ上手になった経験から、３つの原則を紹介しています。「ものの場所を決める」、「ものの量を決める」、「ものの入れ方を決める」です。確かにそうだなと思いました。

たとえば引き出しにはラベルを貼って、何をそこに入れるかを決める。そこにしまわなければ意味がないですが、引き出しが透明で中に入っているものが確認できる方が混乱しません。そのほか鞄の中には何色かのクリアーホルダーを入れて、それぞれに入れるものを表面にサインペンなどで書いておく、すぐになくしそうなものは百均でカラビナなどを買ってきて、かばんとなくしそうなものを「かちゃっ」と止める。こうした方法を勧めています。

片づけが苦手な人は、すぐになくなってしまうことが怖くて、何でも多めに持つ傾向がありますが、それは忘れ物の原因になるだけで、片づけるという方向とは逆になります。

散らかった部屋を片づける時に、私はバスケット法を勧めています。スーパーの買い物用バスケットをイメージしてください。散らかっていたらまずバスケットに全部入れてあたりをきれいにする。きれいになったらそれぞれを元にあった場所に戻す。この2段階です。1つ1つ元にあったところへ戻そうとしていると、途中で気が散ってうまく片づかないことが多いようです。それができたら、次は「散らかす前にバスケットに入れる」です。

収納と整理は、忘れ物対策にも通じます。必要なものをリストに書き出して、1つ1つチェックして忘れ物をしないようにすることを勧めていますが、スマホがあればメモ機能を使って書き込む、チェックリストに書き込んで確認するなどが可能になりますね。

52 ★トレーニング6 距離感：対人距離

発達障害を抱えていて、他人との距離感がうまくとれなくて悩んだり、トラブルに巻き込まれたりすることがあります。物理的に人との距離を安定させることが基本ですし、それは心理的な距離を安定させることにもつながります。

エドワード・T・ホール（Edward T. Hall）[47]は対人距離について、親しい距離（15〜45㎝）、個人同士の距離（45〜120㎝：仲良しだと60㎝くらい）、社会生活での距離（120〜360㎝：相談する時などは180㎝くらいまで）、公衆との距離（360㎝〜）と説明しています（原文はフィートなので㎝に換算しました）。

他人に近づきすぎたり、近寄れなかったりするとコミュニケーションがとりにくくなりますし、何よりも、特に異性の場合には、誤解のもとです。男子の場合、何も性的な意図などがなくても背後から女性の30㎝以内の距離に黙って近づくと、何かされそうだと感じた女性に警察などに通報されかねません。女子の場合には近づきすぎると、性的関心があると誤解

されて、性被害にあう危険性も出てきます。
　他人との距離は具体的に練習する必要があります。向かい合って話す時には図のように、肘を曲げて腕を相手の方に向け、お互いに掌を合わせる距離であれば不審に思われることは少ないと思います。後ろからの場合にも、小学校で練習した「前へならえ」の距離よりも近づかなければ通報されることも誤解されることも少ないのではないかと考えられます。
　もっと近くで、もっと遠くでという「具体的でない」指示は実行できません。外来でも距離を一定にする練習はしばしばしていますし、これが苦手な場合には、毎朝、出かける前に実際に練習しておくことをお勧めしています。練習しないとできるようにはなりません。

53 ★トレーニング7 相手の目を見る、顔を見る

発達障害、特に自閉症スペクトラム障害を抱えていると、相手の目を見ることが苦であるということがよく言われます。確かに顔をあげて相手の目を見て話すことが苦手な人も多いですが、それができる人も結構います。逆に目を見ることができるから自閉症スペクトラム障害ではないとまで言われていた人も診《み》たことがありますが、その他の症状から自閉症スペクトラムであると診断しました。

実際に自閉症スペクトラム障害を抱えた方に聞いてみたら、相手の目をじっと見ているとめまいがしてきて気持ちが悪くなる、目の動きが追えないという話がありました。それではどうすればよいのでしょうか。

たとえば向かい合った相手の鼻を見る、これでも1m以上離れていると、相手からは目を見ているように感じてもらえます。鼻根部(目と目の間、鼻の付け根)を見ていると30㎝まで近寄っても大丈夫です[5]。実際の目と違って鼻はあまり動かないので、見ることが易しくなり

ます。相手が目を見ていると誤解してくれてもそれでよいのです。

成人の自閉症スペクトラム障害を抱えた方で、相手の目を見ないどころか、話す時に顔も見ないで話します。それなのでしょっちゅう注意されていた方が、1時間、外来診療の間に鼻根部を見る練習をしただけで、相手の顔を見て、視線が合っていると誤解してもらうこともでき、職場でほめられたという話をしてくれたことがあります。

自閉症スペクトラム障害を抱えていると、目や目の写真を見て相手の感情を読み取ることが苦手であることが[24]知られています。これに対する練習法はまだ編み出していないので、言葉にしてヘルプサインを出すなど、相手の言葉から状況を読み取ってくださいとお話ししています。遠くから誰かに見られている時に、その視線に気づきにくいということも言われることがあります。女子の場合には性被害の危険にもつながります。あたりの状況は「人差し指を小さく出して確認する」でしたね。練習してみてください。

また相手の顔がわからない、顔と名前がなかなか一致しないという話を聞くこともあります。相貌失認《そうぼうしつにん》という症状なのですが、スマホでカオナビなどのアプリを使って顔の認識の手助けをしてもらうこともお勧めです。目を見る、顔を見るということは、発達障害を抱えていると意外に苦労することがあります。

54 あいさつ
★トレーニング8

成人の発達障害を抱えた方たちを診《み》ていると、あいさつがきちんとできない方がとても多いことに気づかされます。あいさつができないことは、学校や職場などでの評価を下げる原因にもなります。あいさつをきちんとすることは基本ですね。

まずは「おはようございます」です。「おはよう」と「おはようございます」の適切な使い分けができなくて、かえって困る人もいますので、私は「おはようございます」で統一しています。人から言われて「おはようございます」を返すのではなく、自分からはっきりと「おはようございます」と言ってみましょう。もちろん知っている人に対してですが。

「こんにちは」や「さようなら」もよく使うと思いますが、「いただきます」「ごちそうさま」は、特にほかの人と一緒に食事をする場合には言う習慣をつけておきましょう。その一言で好感度が上がりますし、なければ下がるかもしれません。

「ありがとうございます」は、何かをしてもらったり、教えてもらったりした時に出る言

あいさつ

- おはようございます
- こんにちは
- さようなら
- いただきます
- ごちそうさま
- ありがとう
- ごめんなさい

葉ですが、忘れると相手の機嫌を損ねることにつながります。もしあなたが何かをしてあげて「ありがとう」と言われた時には「どういたしまして」と返すようにしましょう。

「ごめんなさい」は「すみません」になることもありますが、失敗した時や誰かに迷惑をかけた時の言葉です。気まずくてその言葉が出ないと、迷惑をかけたと思っていないと解釈されて、その後の関係がうまくいかなくなるかもしれません。

そのほかにもたくさんのあいさつがあります。日常生活では30～40のあいさつ語を使っていると言われていますが、あいさつはほかの人とのかかわりを滑らかにするための潤滑《じゅんかつ》油《ゆ》のようなものかもしれません。

55 ★トレーニング9 メモを取る、記録する

言われたことを覚えたつもりですぐ忘れてしかられる。よくありそうなことです。いくつものことを覚えていることが苦手なこともありますし、何かの作業などをしながら言われると並行処理が苦手なので、作業もうまくいかないし覚えられもしない。

ある母親に言われたことです。「学校で言われたことをちゃんとメモしてくるように言っているのに、うちの息子できないんです」と言われたので、「メモは練習しないとできないことは、高校生でもよくあります。毎朝、前日の夕食の内容を思い出してメモする習慣つけてみてください」と答えました。1か月後に来た時にはおおざっぱではありますが、メモできるようになりました。このお子さんの場合、言われたことを覚えたつもりになるのですが、思い出そうとすると思い出せない、それで母親にしかられていたわけです。

忘れそうだとメモをする。たとえばハンカチやティッシュペーパーを入れておくためのベルトポーチをつけている場合には、その中に短い鉛筆とメモ紙も入れておくことを勧めてい

ます。メモを取ることが習慣になってくると、逆にメモを取る道具がないと不安になることはよくあります。ハンカチやティッシュを持ち歩かない、どこにしまったかわからなくなる場合にはベルトポーチなど忘れないように持ち歩く工夫も必要かもしれません。

忘れ物にはリストを作る話は「51」でもしましたが、大人になればスマホに記録するという方法もありますし、相手の話そのものを録音してしまうという方法もあります。この場合、相手の話を聞きながらそれを録音するのであれば、相手の了解を取ってください。了解なしにいきなり録音されることは誰にとっても愉快なことではありません。

メモを取ることもスマホに書き込む、録音することもそうですが、記録をつける、記憶だけで行動しないことも失敗を防ぐために必要です。知らない町を歩く時に、何もなければ目的地にたどり着くことは難しいですが、地図があれば行けるかもしれません。

メモを取る、記録をする習慣をつけておくことは、大人になって社会で行動する時にも仕事をする時にも役立ちます。「61」でお話しする、日記をつける習慣も役に立ちます。電話をかけながらメモを取ることは並行処理になるので苦手なことが多いです。覚えたつもりになっても、話していると忘れます。そういう時には「すみません」と言ってから会話を中断し、必要なことをメモしてください。普通の会話の時も同じです。

56 ★トレーニング10 時間を管理する、優先順位をつける

　発達障害を抱えている時、ＡＤＨＤではしばしば時間にルーズだと言われることがありますし、自閉症スペクトラム障害を抱えている場合には時間に敏感《びんかん》なこともありますが、何かに集中していると時間を忘れてしまうこともよくあります。しかし時間にルーズになると友だちから信用されなくなったり、親や先生にしかられたりすることも増えてきます。

　いつも待ち合わせに遅れたり、待ち合わせをすっぽかしたりする。１回だけならともかく、繰り返しているうちにあなたが信用されなくなるかもしれません。発達障害を抱えていると特に、時間の管理は重要なテーマです。

　時刻を確認する習慣をつける、タイマーをセットする、５分おきにチャイムを鳴らす、そうしたことだけでうまくいくようにはなかなかなりません。

　１日のスケジュールを時間軸に沿って書き出してみましょう。思いつくままに書き出して書いたカードを並べ替える方法もありますし、マインドマップなどのソフトウェアを使って

あとから並べ替えたり入れ替えたりすることもできます。まずは1日の流れを頭の中で作ります。しかし実際にはその通りになるとは限りません。忘れ物をしたり、電車が遅れたり、いろいろなことが起きてきます。

いつも5分前という習慣作りもあります。家を出ることも、待ち合わせの場所に行く時にも5分前に行く習慣です。10分でも構いませんが、時間に余裕を持つことは気持ちに余裕を持つことにつながります。

もう1つ大切なことはすべきことに優先順位をつけて、優先順位の高いものを中心に時間軸を作ることです。「朝ごはんを食べる」「デートに遅れない」「何度も読んでいるマンガを読む」「スマホでゲームをする」「歯をみがく」などなど、並べ替えできますか？

しなければいけないこと、したいことが複数ある時に、そこに優先順位をつけることも発達障害を抱えているとしばしば苦手です。頭の中だけで考えているとうまくいかないことが多いです。メモやスマホに書き出すなどして目で確認してください。声に出して読んで耳でも確認して構いません。優先順位がつけられるようになれば生活が楽になります。

自分なりの方法でも構いませんから、優先順位をつける習慣は大人になるまでに身につけてほしいと思います。時間を守ることとともに大切なことです。

57 ★トレーニング11 ほめる、あやまる

誰しもほめられたらうれしいですし、あやまることは得意ではないことが多いです。思いがけずほめられたり、一生懸命《けんめい》に何かを仕上げてほめてもらったりすることはとてもうれしいですね。そのために必要なことは気軽にほめる習慣を作ることです。ほめ言葉には「やったね」「すごいね」「さいこー」「かっこいい」「すばらしい」などなどたくさんありますね。ほめようと思ったらすぐに、まずは「気軽に」、そして「1秒以内」にほめることが原則です。言葉がすぐにでなければ、ハイタッチでも構いません[4][16]。

そう思っているだけではできるようにはなりません。私は朝の散歩の途中でも上に挙げたようなほめ言葉をつぶやいて、口から出す練習をときどきしています。「気軽」に、そして「1秒以内」にほめることは簡単ではありません。

よく知らない人、特に異性に突然ほめられたらうれしいですか？　何もほめられるようなことをしてもいないのにほめられたらうれしいですか？　特にふだんと変わったことや変わ

った服装をしていないのに「かっこいい」と言われたらうれしいですか？

そういう時には「おだてられている」可能性があります。「おだてる」場合には下心があります。あなたに何かをさせようとしているわけです。「ほめられている」と「おだてられている」の違いは意識してください。だまされて金銭や性の被害にあう可能性につながります。もちろんあなたが他人をおだてて何かをさせようとたくらむことはないですよね。

謝ることが苦手な人も多いです。苦手なのでいろいろと言い訳をして時間をかせいでみても、結局は周りの評価が下がったり、信用を失ったりするだけです。「ごめんなさい」「すみません」はすぐに言わないと効果がありません。これも練習が必要かもしれません。

「こんなことで謝らなくても」とか「謝ったら自分のせいにされてしまう」とか考えているうちに謝るタイミングを逃してしまうこともあります。自分は悪くないから謝らないと考えていても、周りから見ればそうではないかもしれませんし、そういう時には友だちなどよく知っている人に相談してみてください。

何かをされて謝られても納得《なっとく》できないこともあるかもしれません。その時に、暴力をふるったり悪口を言ったりするのではなく、自分の言いたいことをきちんと説明することも、繰り返して練習が必要ですし、「42」の社会的妥協《だきょう》が必要になるかもしれません。

58 ★トレーニング12 約束を守る、秘密を守る

約束を守る、秘密を守る。大人になっていく段階でこれは大切な課題です。約束を守る習慣ができていないと、大人になってからは家を借りるとかお金を借りるとかの行為は「契約」行為になり、「45」で触れたように法律で定められていますので、約束の内容に違反したり、約束そのものを守らなかったりした場合には罰則があります。罰金など金銭的な罰則のほかに、身体が拘束される罰則を適用されることもあります。

友だち同士の約束だから守らなくても、友だちに借りたお金だから返さなくても、それはそれで何とかなるかもしれませんが、相手が不動産屋さんだったり、銀行だったりしたらそうはいきません。そして友だちとの約束は一般的には文書にすることはありませんが、契約の場合には文書を作成して署名したり、印鑑を押したりします(印鑑にも種類があります)。

社会に出るための基本としてはコンビニなどでのアルバイトがあります。決められた仕事を決められた時間することによって、決められた報酬《ほうしゅう》を貰うことができます。もちろん友だ

ちとの口約束だから守らなくてもよいという話ではありません。守らなければ信用がなくなり、仲間に入れてもらえなかったり、参加したい行事に誘ってもらえなくなったりします。

「31」でも話しましたが、クレジットカードの使用は、「あとで払う」という約束の上に成り立っています。もし払わなければ催促《さいそく》がきて、それでも払わなければ給料が差し押さえられてというように進んでいきます。

約束を守る、場合によっては契約を交わす、こうしたことは社会に出る前に、機会があれば練習しておきましょう。

秘密を守ることも大切です。たとえば銀行のキャッシュカードのパスワード、パソコンやスマホでの通信販売のクレジットカード番号やパスワードなど、他人に知られた場合に悪用されるものは、数字などを他人に知られないように記録します。キャッシュカードのパスワードを銀行員などが聞くことはありませんので、もしパスワードを聞かれたら、それは詐欺か悪意のある可能性が高いと思ってください。

秘密にしなければいけない話もあります。たとえば医師や看護師などは職務で知りえた個人の秘密をやたらにしゃべると処罰されます。職業によってはこうした秘密を守る義務（守秘義務と言います）が罰則付きで課せられている場合が多いです。

59 ★トレーニング13 言葉にする

自分が思っていることや、自分の心の中のイメージなどを言葉にすること、言語化といいますが、これが苦手であると他人との意思の疎通がうまくいかなくなります。言語はその社会でコミュニケーションをとるための共通語です。ですから言語化することによって情報を共有することができます。逆に言えば言語化しない限り、共有が難しくなります。

コミュニケーションには言葉による言語的コミュニケーションと、身振り手振り表情などの非言語的コミュニケーションがあります。たとえば「53」でお話しした目を見ることは非言語的なコミュニケーションの代表ですし、賛成の意味でうなずくのもそうですね。たとえば自閉症スペクトラム障害を抱えていると、非言語的なコミュニケーションが苦手なことがよくあります。相手の表情がわからない、場の雰囲気がわからないなどで、そこで不用意な発言をしてうまくいかなくなることがあります。

そうした場合には言語的なコミュニケーションを磨《みが》くことで、非言語面での苦手さを少しでもカバーしましょうとお話しすることもあります。言語的なコミュニケーションには「8」で話したように、音声言語(話す、聞く)と文字言語(読む、書く)があります。音声言語が使えるということと、それを使って他人との会話などのやりとりをするスキルは同じではなく、会話などについては「60」でも触れますが、苦手であれば練習しましょう。

ディスレクシアなど文字言語が苦手な場合でなければ、音声言語が苦手な場合には文字言語を使った方が楽なことがよくあります。まず、心の中で思っていることを文字にして表現してみましょう。文字になった時に、それは言語化されたということであり、それを他人に見せればその情報を共有することができます。

メール、ライン、ブログなども文字情報での発信です。発達障害を抱えていると音声情報よりは文字情報での発信が得意な人も多いです。しかし「30」に書いたように、書きすぎて失敗しない注意も必要です。

心の中で浮かんできた思い、感情や感覚を言語化する練習は、自分を他人に理解してもらうためというよりは、言語化できないために誤解されることを防ぐために必要かもしれません。感情の表現は、種類も多いですし、それなりに言語化が難しいことがよくあるので、「63」にまとめました。

60 会話のトレーニング

★トレーニング14

音声言語のやりとりのトレーニングです。一方的に話すことはできるけれども、質問でさえぎられるとうまく答えられなかったり、場合によっては頭の中が真っ白になったりしてしまった経験はありませんか。会話はお互いに質問して、それに答えあって進んでいきます。

「昨日の夜、何食べた?」「カレーライス。あなたは?」「パスタ」こんな感じですね。

何食べたという質問はオープンエンド・クエスチョン(open end question)といって何を答えてもよい質問です。そう聞かれると昨日の夜食べたもの、飲んだものがいろいろ記憶の中に上ってきて、うまく答えられないこともあります。まずは主食から、次におかずです。よく聞かれる質問は想定して答える練習をしておくことをお勧めしています。

オープンエンド・クエスチョンではなく、クローズドエンド・クエスチョン(closed end question)もあります。選択肢のある質問です。「昨日の夜はカレー食べた? パスタ食べた?」だと質問が具体的なので、答えやすくなります。頭の中でイメージしやすいですね。

答えるのが苦手な人に質問する時には、なるべく具体的に聞くことです。イエス・ノー・クエスチョン(Yes no question)もあります。聞いたことが合っているかそうでないかをイエスとノーで答えてもらいます。使い方を例にしてみましょう。

私は英語が得意なわけではないので、外国で道に迷った時に聞き方を考えます。「美術館に行くのはどう行けばいいですか？」はオープンエンド・クエスチョンです。早口でたくさんしゃべられて理解不能な可能性があります。「美術館にはこの道を左に行けばいいですか？　右に行けばいいですか？」はクローズドエンド・クエスチョンです。選択肢があるのでわかりやすいですが、左、右以外の選択肢が正解の場合には答えが理解できない可能性があります。「美術館にはこの道を右に行けばいいですか？」がイエス・ノー・クエスチョンです。イエスならそれでよいわけですし、ノーなら右に行ってはダメだということがわかります。相手の答えを理解することはどれがいちばんやさしいか。わかりますよね。

気をつけなければいけないポイントが1つあります。自分の頭の中で考えがまとまっていないのに話し始めると、相手は何の話をしているのかがわからなくなって、イライラすることがあります。そんな時には「野球の話をします」など、最初に何の話をするかの「見出し」をつけて話し始めると、混乱が少なくなります。

61 ★トレーニング15 5W1Hを明確に

話し始めてしまったけれども、何から話していいいか、とにかく思いつくままに話してしまって嫌な顔をされた。発達障害を抱えた成人の方と話をしていると、話が時間軸に沿っていなくて話したいことから話してしまい、話が長くなれば長くなるほど、結局何が言いたいのかがわからないことがあります。これは自分の言おうとしていることが相手に理解されないということにつながりますので、練習して伝わるようにしましょう。

そこで5W1Hの登場です。Who(誰が)、When(いつ)、Where(どこで)、What(何を)、Why(なぜ)、How(どのように)ですね。会話でもこれを意識して話してみましょう。

「田中君と今日、学校でサッカーをした。昨日約束したからだけど楽しかった」だとわかりやすいですが、「田中君とした。昨日約束したから学校でした。サッカーしたら楽しかった」だと少しわかりにくいですね。もう少し長い文章になるとわけがわからなくなりそうです。

５Ｗと１Ｈを意識して話すことは、自分の話の内容が伝わりやすいですし、それは情報を共有することにつながります。しかし会話という音声言語で練習するよりも、目でも確認できる文字言語で練習した方が楽です。

ですから外来では日記をつけることをお勧めしています。小学生以上であれば可能ですし、まずは3行からです。その後、行数が増えても「3行日記」と呼んでいます。毎日あったことを、５Ｗ１Ｈを入れて書きます。「今日は雨が降っていたので、学校の体育の時間は体育館で卓球をしました。２台しかなかったので順番にしました。楽しかったです」などですね。

日記を書くのに、紙に鉛筆で書くのではなく、パソコンやタブレットで書くこともお勧めです。入力する技術（基本はローマ字入力ですが、いずれは音声入力も楽にできるようになるかもしれません）も習得できますし、同じファイルを使って、あるいは月ごとに違うファイルにして書き足していくことによって、以前に会ったことを思い出す手掛かりにもなりますし、ときどき見直すことで書き方が上達することもあります。就労すると作業日誌を記録したり、提出したりすることもありますが、その時にも役立ちます。

スマホを使うなどしてラインやブログで日記代わりにすることもできますが、それらを使う時には、「30」「31」でお話ししたポイントには気をつけてください。

62 ★トレーニング16 ノーを言う

社会生活の中ではイエスが言えることより、ノーが言えることの方が大切です。嫌なことでも何でもイエスと言ってしまって後悔したり(多くの場合にはノーが言えないからですが)、嫌な行動、たとえばいじめや悪口を止めてもらえなくていらいらしたりするなどです。

こういう時には断るものだといくら言われても、断り方を実際に口から言葉で出して練習していないと、いざという時に使えません。断ることには技術が要ります。断ったことによって相手が気分を害するかもしれないということはいつも頭の片隅で考えておいてください。どうやってなるべく気分を害さないように断るか、それが技術です。

「やめろよ」ではなく「やめてください」「誰か人を呼びます」と言った方がうまくいく確率が高いですし、「そんなことできません」ではなく「私には無理だと思います」「考えてみましたができません」などの方がトラブルは減ります。

お金を貸してくれと言われたり、行きたくないところへ誘われたりした時などは、相手もかなり強引に迫ってくることがあります。強引さに負けてしまってあとで後悔するのはあなたです。強引に「まあいいじゃないか」と押し付けられても、「私にはできません」「私は行きたくありません」ときっぱりと断ることになります。それで「もう友だちじゃない」と言われても気にしないでください。もともと本当の友だちならあなたが嫌なことはしません。

自分が悪くないのに、断る時に「すみません」「ごめんなさい」などの言葉をノーの前につける時には、「すみません」「ごめんなさい」だけではなく「すみません。できません」「ごめんなさい。私には無理です」など、否定形の言葉をつけてください。世間にはいろいろな人がいるので、断る時には空気に構わず断ることを鴻上《こうかみ》さんも勧めています[48]。

「お願いですからやめてください」は効果がありません。相手は自分の意志であなたに対して嫌なことをしているので、「お願い」で止まることはまずありません。「お願いですから」は誰かに何かを頼む時に使います。

気持ちが高ぶってしまったり、頭の中が真っ白になったりしそうでうまく口からノーが出せない時にはスマホの画面に打ち込んでそれを見せる方法もあります。いろいろな断り方がありますが、まずは口から出す練習です。「ごめんなさい。できません」「すみません。やめてください」「私には無理です」などときどき声に出してください。

63 ★トレーニング17 感情を表現する

思いを言語化することは「59」でもお話ししましたが、感情を言語化して表現することは簡単ではありません。それは感情が高ぶっている時には冷静になれなくて、言語化が難しいということもありますし、感情を適切に表現するためには感情を相手に伝えるための語彙《ごい》も必要になってきます。感情についてはとても多くの表現があるので、どの表現を使うかによって自分の思いが通りやすいこともあれば、その逆もあります。

よく紹介している感情ことば選び辞典[49]には、「うれしい」だけで「有頂天」「歓喜」「感激」など29もの表現が載せられています。どれを使うかはその時の気分にもよると思いますが、いろいろな表現を使い分けることによって、相手に伝わりやすくなると思います。

特に自閉症スペクトラム障害を抱えていると、感情の授受(相手に感情を伝える、相手の感情を受け取ること)がしばしばあり、さらに表情や身振り手振り、目配せなどの非言語的コミュニケーションが苦手である場合もあります。そうした場合には、いかに正確に感情を

「言語的に」伝えるかがとても大切になってきますし、それがなければなかなか自分の感情や思いを理解してもらえないということも起きるかもしれません。

たとえば日記は書けるけれども、感想文は苦手ということもあります。「61」の5W1Hにしても、1Hのところが「楽しかったです」「面白かったです」のワンパターンになることもよく見かけます。それでも構わないのですが、感想が書けるようになったら「この日記をお母さんあるいは友だちが読んだら、どんなふうに感じるだろうか」という次の作業を入れてもらいます。他人の感情を類推して言語化する、できるようになるまでには時間がかかることもよくありますが、自分の感情だけではなく、他人の感情を考える習慣を少しずつつけていくことは、対人関係を上手に維持するためにも役立ちます。

この場合にはまず文字言語から始めて、それを日常会話など音声言語の場面で使えるように練習していきます。これは実際に口に出して言わなければ練習になりません。「ぼくは君がこう思っていると考えたのだけれども、それは合っているだろうか？」「ぼくはお母さんがこう思っているに違いないと思ったのだけれど、それで合っていますか？」などなど、実際に口に出して言ってみて、違う場合には指摘してもらってまた言い直す。こうした練習を思春期からしておくことが、成人になって社会に出た時にも役立つと思います。

64 使いたくない、使われたくない言葉……

★トレーニング18

発達障害を抱えていてもいなくても、具体的でない表現に出会うと、どうしてよいかわからなくなることがあります。「14」で「もっと」「しっかり」「きちんと」に触れましたが、「もっと大きな声で話しなさい」「しっかり勉強しなさい」「きちんと片づけてください」など具体的ではないので、どのくらい大きな声を出せばよいかもわかりません。

「がんばって走ってください」のがんばってでも同じですね。わが国ではすぐに「がんばれ」と言われますが、昔アメリカに行った時に聞いたら、陸上競技のスタートの前に、コーチは「relax」と言うことが多いそうです。たしかに「がんばれ」よりは速そうですね。

こうした具体的でない表現は、程度がわかりにくいので困るのですが、そういう声掛けをされていると、自分でも使ってしまうかもしれません。そうなると「わからない」ことの連鎖になってしまうかもしれません。使われて困る表現は自分でも使わないように気をつけることです。つい出てしまうのは、言いたいことを強調したい時です。

「いすを並べておいてください。お願いします」ですむところに「ちゃんと」をつけてみたり、「できるところまでやっておいてください」に「もっと」をつけてみたり、「一生懸命《けんめい》走ってください」に「がんばって」をつけたりすることです。

失敗した時に「やっぱりだめだったね」と言われることも、失敗するかもしれない時に「どうせ失敗するかもしれないね」などと言われることは、その後の意欲が増えることにはならず、やる気をなくしてしまいかねません。「やっぱり」「どうせ」も使いたくない、使われたくない言葉ですね。

「できるかどうか様子を見ましょう」も同じですね。何の様子をいつまで見るのかが明らかではないので、やはりわかりにくいと思います。

使われたくない表現は、もし使われてわからない時には「何ページまで勉強すればよいですか?」「何時までに片づければよいですか?」など、具体的な例を出して聞き返してみてください。「やっぱり」「どうせ」と言われないためにも必要なことです。

逆に話した時に「たしかにそうですね」「なるほどよくわかりました」と言われると、自分の話した内容への満足感が生まれてきますし、また話そうという気持ちになると思います。これは日常生活で使ってほしい表現です。

65

★トレーニング19

比喩《ひゆ》、言葉の裏

少し前の話になりますが、知的障害のない自閉症スペクトラム障害を抱えた男子中学生に「豚に真珠《しんじゅ》」「猫に小判」ということわざの共通点は何?と聞いてみました。しばらく考えてから、「先生わかりました。豚も猫も動物です。真珠も小判も大切なものです」と答えました。ほかにも同じように答えた子がいます。価値のわからないものに、価値のあるものを与えても意味がないというたとえなのですが、こうした比喩を理解することが難しいことがよくあります。

ことわざは基本的に比喩ですから、たとえ話を理解するためにはことわざの勉強が役に立ちます。マンガことわざ辞典などがたくさん出ていますから、それらで勉強して、比喩やたとえ話が理解できるようにするとともに、日常会話の中でもことわざが使えるように目指してくださいとお話ししています。ことわざ辞典とか慣用句辞典とか、1日に5ページずつでも覚えて使えるようにしましょう。

言葉の裏を読み取ることでもしばしば失敗します。「そんなに一生懸命にやらなくていいよ」が、実際には「一生懸命やってください」であったり、「そんなやり方だとうまくいかないよ」が、実際には「やり方を先生に聞いた方がいいよ」であったりです。言外に言うという表現をすることもあります。言葉通りに受け取って行動していると、「あいつは話が分からない。融通《ゆうずう》が利かない」などと言われてしまうかもしれません。

そうはいっても、いつも言葉の裏を探り、相手の気持ちを探ろうとする(忖度《そんたく》と言われることが多いですが)ことはなかなか大変です。ちょうど良い忖度は難しく、足りなかったりしすぎたりもします。忖度のし過ぎは「過剰適応」になるので、心のスタミナが急速に失われます。これは会話や話し言葉の時によく起きます。

そういう場合には、文字にしてもらうと目でも確認できますし、即答もしなくてすむことが多いので楽になります。「よくわからないかな」と思った時には「紙に書いてください」「あとでメールしてください」など文字にしてもらうことがお勧めです。そういう状況になったらそうしようと頭の中で考えているだけではできるようにはなりません。

あとから気がついて「そういう意味だったのか」ということが分かった場合には、それをきちんと相手に伝えてください。それによって誤解されることを減らせます。

66 よく出てくる言葉

発達障害がしばしばマスコミに取り上げられるようになり、医学的に定義されていない言葉や表現を目にすることが多くなってきました。医学的に定義されていない言葉や表現ですので私は基本的に使いませんが、そのうちのいくつかを紹介しておきます。

ギフテッド(gifted)は、才能を与えられているという意味で、発達障害を抱えていて、知的能力の高い人に向けられることが多くなっています。しかし「32」でもお話ししたように知的能力が高いということは、全体としてのバランスが取れていない、うまくいかないということがよくありますので、喜んでばかりもいられません。しかし高い知的能力に裏づけられた思考能力や推理能力が社会的にも職業的にも役立つこともよくあります。

2E(twice exceptional)は才能として優れた面と、社会生活を送る上でとても困難になる面とを併せ持つ(両極端を持っている)という意味です。数学については天才的だけれども会話がうまくできなかったり、洋服をきちんと着ることができなかったり、片づけがまったくできなかったりなどさまざまです。社会生活を送る上ではサポートが必要かもしれません。

ＨＳＰ、ＨＳＣ(highly sensitive person/children)も目にすることが増えてきた表現です。特別に感覚がすぐれている人(子ども)という意味で、「25」でお話しした感覚過敏《かびん》がとても強い場合を意味するようです。出てきやすい症状などは基本的には同じだと考えています。

カサンドラ(Cassandra)症候群は、ギリシャ神話のトロイの王女カサンドラに因《ちな》んでいますが、１９８０年代にローリー・シャピラ(Laurie L. Schapira)によって報告されました。主に高機能自閉症スペクトラム障害を抱える方が結婚したあとに、パートナーが当事者とコミュニケーションがうまく取れないことに気づいて心身の不調に陥るということが言われています。ただしこれは発達障害を抱えていない側からの見方なので、その考え方には異論もあります。

サバン(Savant)症候群も耳にすることがあるかもしれません。もともとは天才ですが知的障害があるという意味で使われ、数字や文字に天才的な才能を示す一方でコミュニケーションが家族以外とは取れないなど、社会生活上の困難さを抱えることが多くなります。いろいろな表現がありますね。

67 成人への移行

思春期から成人期へ移行していくということ、それはbio（身体）の面でも、psycho（心・精神）の面でも、social（社会）の面でもさまざまな新たな課題が出てきます。

年齢とともに社会的なサポートは減っていきます。15歳で義務教育が終わります。中学校までは不登校になっても卒業できることが多いですが、全日制の高校では不登校になると単位が取れず、留年や退学になります。18歳で児童が終わります。これは児童福祉法の児童の定義によるためで、その法律に定められたさまざまな社会的サービス、受給者証に基づく放課後等デイサービスの利用、相談機関としての児童相談所の利用、行き場がなくなった時の児童養護施設の利用などは18歳までしか利用できません。

現在の法律では選挙権は18歳からですが、成人になるのは20歳（2022年から18歳）です。この年齢になると自分で意思決定して活動する（社会的にも財産も）ことが求められるようになり、保護者の親権（親として保護する義務、権利）もなくなります。

医療では子どもの時の診療科から成人期への診療科に移ることが多くなってきます。発達障害を抱えた方の診療を行っている医療機関自体が少ないので、簡単ではありませんが、自分で探すこともありますし、紹介してもらう場合もあります。特に大学入学や就職でそれまでとは別の地域に住む場合には、どのような医療的ケアが受けられるのかを知っておく必要があります。「43」を参考に、自分の健康情報をまとめておいてください。

保健サービスとしては、生活習慣病健診やがん検診など、身体的なサポートが中心にはなりますが、最近では市町村の保健センターなどでも精神保健福祉士や保健師による心や悩みの相談を受け付けているところも増えてきました。

福祉のサービスは、障害者手帳の取得、20歳を過ぎたら障害基礎年金の申請をするなどは、「35」を参照してください。経済的に困った、居住するところがないなどの場合には生活保護をはじめとするサービスを市町村の福祉事務所などに申請します。

成人期に至るまでには、子どもである時期に、まだ守られていることが多い時期に、少しでも多く自分のことを知り、強みと弱みを理解しておくこと、そして社会で生きていく時にどのように自分の将来をイメージできるかということも大切です。思春期からそうした準備が始められ、進んでいくことを願っています。

注（参考文献・図書）

（1）George Engel: The Need for a New Medical Model: A Challenge for Biomedicine, *Science*, New Series, Vol. 196, No. 4286, 129-136. 1977
（2）障害者の日常生活及び社会生活を総合的に支援するための法律（２０１９年４月改正）
（3）発達障害者支援法（２００５年制定、２０１６年改正）
（4）発達障害児へのライフスキル・トレーニング（平岩幹男　合同出版）
（5）自閉症スペクトラム障害（平岩幹男　岩波新書）
（6）Diagnostic and statistical manual of mental disorders fifth edition（American psychiatric association. American psychiatric publishing）
（7）Autism 自閉症スペクトラム障害（米国小児科学会編、岡明・平岩幹男監訳　日本小児医事出版社）
（8）発達性読み書き障害〈ディスレクシア〉トレーニング・ブック（平岩幹男　合同出版）
（9）ゆっくり読み書きトレーニング（武田洋子著、平岩幹男監修　小学館）
（10）http://www.dinf.ne.jp/doc/daisy/about/index.html
（11）カラーマスノート（脇口明子・河野政樹　日本福祉医療コミュニケーション協会）

(12) 通常学級で役立つ　算数障害の理解と指導法(熊谷恵子・山本ゆう　Gakken)
(13) データで読み解く発達障害(平岩幹男総編集　中山書店)
(14) 私はかんもくガール(らせんゆむ　合同出版)
(15) イラストでわかる　子どもの場面緘黙サポートガイド(金原洋治・高木潤野　合同出版)
(16) イラストでわかる　発達が気になる子のライフスキルトレーニング(平岩幹男　合同出版)
(17) イラストでわかる　子どもの吃音サポートガイド(小林宏明　合同出版)
(18) 統合医療　http://www.ejim.ncgg.go.jp/public/about/index.html
(19) Institute of medicine now says autism-mercury link "biologically plausible". (Rimland B., *Autism research review international*, 2001)
(20) 14歳からの発達障害サバイバルブック(難波寿和　学苑社)
(21) 発達障害の僕が「食える人」に変わった　すごい仕事術(借金玉　KADOKAWA)
(22) 障害を理由とする差別の解消の推進に関する法律(2013年法律第65号)
(23) シンワルーペバー型75767(シンワ測定)
(24) 社会脳とは何か(千住淳　新潮新書)
(25) おとなになるってどんなこと?(吉本ばなな　ちくまプリマー新書)
(26) 地域協働による高校魅力化ガイド(地域・教育魅力化プラットフォーム編　岩波書店)
(27) 発達障害のある大学生のキャンパスライフサポートブック(高橋知音　Gakken)

(28) 平成29年度児童生徒の問題行動・不登校等生徒指導上の諸課題に関する調査結果について(文部科学省)
(29) http://www.mext.go.jp/a_menu/shotou/seitoshidou/04121502/06041201.htm
(30) https://info.eboard.jp/
(31) 「ひきこもり」救出マニュアル(斎藤環　PHP)
(32) アンケート調査による小中学生におけるいじめの実態調査と精神保健学的検討(平岩幹男　東京女子医科大学雑誌　69:616-63、1999)
(33) こども六法(山崎聡一郎　弘文堂)
(34) いじめのある世界に生きる君たちへ(中井久夫　中央公論新社)
(35) 赤ちゃん(みやもとまさこ　文芸社)
(36) 先生と親のためのLGBTガイド(遠藤まめた　合同出版)
(37) マンガでわかる　オトコの子の「性」(村瀬幸浩監修、染矢明日香　合同出版)
(38) アスピーガールの心と体を守る性のルール(デビ・ブラウン　村山光子・吉野智子訳　東洋館出版社)
(39) 新13歳のハローワーク(村上龍　幻冬舎)
(40) 発達障害の子のためのハローワーク(鈴木慶太・飯島さなえ監修、TEENS執筆チーム　合同出版)

(41) 発達障害の女性のための人づきあいの「困った!」を解消できる本(村上由美　PHP)
(42) ひとり暮らしの教科書(mini + SPRiNG 編集部　宝島社)
(43) 自炊力:料理以前の食生活改善スキル(白央篤司　光文社新書)
(44) A theory of human motivation (A. H. Maslow, Merchant Books UK)
(45) マンガでわかる刑法入門(伊藤真監修　ナツメ社)
(46) 発達障害の人の「片づけスキル」を伸ばす本(村上由美　講談社)
(47) The hidden dimension (E. T. Hall, Anchor Books NY)
(48) 「空気」を読んでも従わない(鴻上尚史　岩波ジュニア新書)
(49) 感情ことば選び辞典(学研辞典編集部編　学研プラス)

あとがき

この本でみなさんに伝えたかったことは、障害とは何か、発達障害とは何かということだけではありません。たとえば健康についての自己決定権を持つことはヘルス・リテラシー(health literacy)と呼ばれます。健康だけではなく、これから先の人生を生きていく上で、友だちも性もお金も、さまざまなことについて、自分で考え、決めていく力を身につけてほしいということです。

自分で決める自己決定権を発揮するためには知識も、そして苦手なことがあればそれに対するトレーニングも必要になるでしょう。その時に、初めにお話しした bio-psycho-social という考え方も役に立つと思います。

あなたたちの人生の主役はあなたたちです。私たちまわりの大人は、うまく生活していけるように祈ったり、不安な時、うまくいかない時に援助をしたりすることはできるかもしれませんが、あなたたちの代わりに、あなたたちの人生を生きていくことはできません。

私は医師として43年目になりましたが、この間の経験からどのような状況になろうと、まずは生きていくことそのものが大切だと考えています。友だちも、自立も、経済力もそれらは目標にはなるかもしれませんが、まずは生きていくことです。

私は50歳を超えてから歩くことが趣味の1つになりました。毎年4000㎞以上歩くようになって13年目に入りました。軽く汗をかくことは冬でも気持ちのいいものです。可能な運動習慣を持つことはすべての人にお勧めしています。

発達障害を抱えていてもいなくても、そのかけらは誰もが持っていますし、私たちはみんな「同じ空気」を吸っています。同じ空気を吸いながら、それぞれの「生きがい」を見つけてほしいと願っています。生きがいは、自分のしたいことと周りにしてほしいと期待されていることが一致した時に、強く感じられるようになってきます。その生きがい探しも大人になるまでも、そして大人になってからも続いていくかもしれません。

最後に、これまで支えてくれた妻や家族に感謝するとともに、今までに出会ってきた、そして多くのことを教えてくれた子どもたちやご家族に心より感謝したいと思います。

2019年11月

平岩幹男

平岩幹男

1951年生まれ．1976年東京大学医学部卒業．1978年帝京大学医学部小児科，1992年戸田市立健康管理センターを経て，2007年Rabbit Developmental Research を開設．医学博士．著書『新版 乳幼児健診ハンドブック』(診断と治療社)，『いまどきの思春期問題：子どものこころと行動を理解する』(大修館書店)，『発達障害：子どもを診る医師に知っておいてほしいこと』(金原出版)，『自閉症スペクトラム障害：療育と対応を考える』(岩波新書)，『発達障害児へのライフスキルトレーニング』(合同出版)，『自閉症・発達障害を疑われたとき・疑ったとき』(合同出版)，『発達性読み書き障害〈ディスレクシア〉トレーニングブック』(合同出版)，『イラストでわかる 発達が気になる子のライフスキルトレーニング』(合同出版)など多数．
http://rabbit.ciao.jp/

発達障害 思春期からのライフスキル
岩波ジュニア新書 908

2019年11月20日　第1刷発行
2021年 1 月25日　第2刷発行

著　者　平岩《ひらいわ》幹男《みきお》

発行者　岡 本　厚

発行所　株式会社 岩波書店
〒101-8002 東京都千代田区一ツ橋2-5-5
案内 03-5210-4000　営業部 03-5210-4111
ジュニア新書編集部 03-5210-4065
https://www.iwanami.co.jp/

印刷製本・法令印刷　カバー・精興社

ISBN 978-4-00-500908-4　Printed in Japan

岩波ジュニア新書の発足に際して

きみたち若い世代は人生の出発点に立っています。きみたちの未来は大きな可能性に満ち、陽春の日のようにひかり輝いています。勉学に体力づくりに、明るくはつらつとした日々を送っていることでしょう。

しかしながら、現代の社会は、また、さまざまな矛盾をはらんでいます。営々として築かれた人類の歴史のなかで、幾千億の先達《せんだつ》たちの英知と努力によって、未知が究明され、人類の進歩がもたらされ、大きく文化として蓄積されてきました。にもかかわらず現代は、核戦争による人類絶滅の危機、貧富の差をはじめとするさまざまな人間的不平等、社会と科学の発展が一方においてもたらした環境の破壊、エネルギーや食糧問題の不安等々、来るべき二十一世紀を前にして、解決を迫られているたくさんの大きな課題がひしめいています。現実の世界はきわめて厳しく、人類の平和と発展のためには、きみたちの新しい英知と真摯《しんし》な努力が切実に必要とされています。

きみたちの前途には、こうした人類の明日の運命が託されています。ですから、たとえば現在の学校で生じているささいな「学力」の差、あるいは家庭環境などによる条件の違いにとらわれて、自分の将来を見限ったりはしないでほしいと思います。個々人の能力とか才能は、いつどこで開花するか計り知れないものがありますし、努力と鍛練の積み重ねの上にこそ切り開かれるものですから、簡単に可能性を放棄したり、容易に「現実」と妥協したりすることのないようにと願っています。

わたしたちは、これから人生を歩むきみたちが、生きることのほんとうの意味を問い、大きく明日をひらくことを心から期待して、ここに新たに岩波ジュニア新書を創刊します。現実に立ち向かうために必要とする知性、豊かな感性と想像力を、きみたちが自らのなかに育てるのに役立ててもらえるよう、すぐれた執筆者による適切な話題を、豊富な写真や挿絵とともに書き下ろしで提供します。若い世代の良き話し相手として、このシリーズを注目してください。わたしたちもまた、きみたちの明日に刮目《かつもく》しています。（一九七九年六月）

840 徳川家が見た戦争　徳川宗英著
二六〇年余の泰平をもたらした徳川時代、将軍家を支えた田安徳川家の第十一代当主が語る現代の平和論。二度と戦争を起こさないためには何が必要なのか。

841 研究するって面白い！―科学者になった11人の物語―　伊藤由佳理編著
理系の専門分野で活躍する女性科学者11人による研究案内。研究内容やその魅力を伝えると共に、どのように進路を決め、今があるのかについても語ります。

842 紛争・対立・暴力―世界の地域から考える―〈知の航海〉シリーズ　西崎文子・武内進一編著
なぜ世界でテロや暴力が蔓延するのか。欧州の移民問題や中東のISなど、宗教、人種・民族、貧困と格差が複雑に絡み合う現代社会の課題を解説。

843 期待はずれのドラフト1位―逆境からのそれぞれのリベンジ―　元永知宏著
プロ野球選手として思い通りの成績を残せなくてもそこで人生が終わるわけではない。新たな挑戦を続ける元ドラフト1位選手たちの軌跡を追う！

844 上手な脳の使いかた　岩田誠著
経験を積むことの重要性、失敗や叱られることの意味、失われた能力を取り戻すしくみ――脳のはたらきを知れば、使い方も見えてくる！　本当の「学び」とは何か？

845 方言萌え!?―ヴァーチャル方言を読み解く―　田中ゆかり著
キブンを表すのに最適なヴァーチャル方言は、リアル方言にも影響を与えている。その関係から、日本語や日本社会の新たな断面が見えてくる。

846 女も男も生きやすい国、スウェーデン　三瓶恵子著
男女平等政策を日々更新中のスウェーデン。その取り組みを具体的に紹介する。そこには日本の目指すべき未来がある。

847 王様でたどるイギリス史　池上俊一著
「紅茶を飲む英国紳士」はなぜ生まれた？「料理がマズイ」は戦略？　個性的な王様たちのもとで醸成された文化と気質を深～く掘り下げ、イギリスの素顔に迫る！

848 財政から読みとく日本社会
―君たちの未来のために―
井手英策著

日本の財政のなりたちをわかりやすく解説し、新しい社会への選択肢を考えます。誰もが安心してくらせる社会をつくるためにできることは？

849 正しいコピペのすすめ
―模倣、創造、著作権と私たち―
宮武久佳著

デジタル機器やネットの普及でコピーが日常行為になった今、知っておくべきルールとは？ 論文やレポートにも役立つ著作権の入門書。

850 聖徳太子
―ほんとうの姿を求めて―
東野治之著

仏像に残された銘文や、自筆とされるお経の注釈書など、さまざまな手がかりを読み解き、太子の謎の実像に迫ります。調べて考える歴史学って面白い！

851 日本一小さな農業高校の学校づくり―愛農高校、校舎たてかえ顚末記
品田茂著

自主自立を学び、互いを尊重しあえる人を育む教育で知られる愛農高校のユニークな校舎づくり。みんなで力を合わせてつくった自分たちの学びの場とは？

852 東大留学生ディオンが見たニッポン
ディオン・ン・ジェ・ティン著

大好きな国・ニッポンに留学したディオンの見聞録。東大での日々で同世代や社会に感じた異論・戸惑い・共感を率直に語る。国際化にむけても示唆に富む一冊。

853 中学生になったら
宮下聡著

勉強や進路、友達との関係に悩む中学生の日常に寄り添って、充実した三年間を送る方法をアドバイス。自ら考え判断し、行動する力を身につけたい生徒に最適。

854 質問する、問い返す
―主体的に学ぶということ―
名古谷隆彦著

「主体的に学ぶ」とは何か、「考える」とはどういうことなのか。多くの学校現場の取材をもとに主体的に学ぶことの意味を探る。

855 読みたい心に火をつけろ！
―学校図書館大活用術―
木下通子著

学校図書館には、多様な注文をもった生徒たちがやってくる。学校司書として生徒の「読みたい」「知りたい」に応える様子を紹介。本を読む楽しさや意義も伝える。

856 **敗北を力に！** —甲子園の敗者たち—
元永知宏 著

甲子園での敗北は、選手のその後の人生にどんな影響を与えたのか？ 激闘を演じ、最後に敗れた甲子園球児の「その後」を追う。

857 **世界に通じるマナーとコミュニケーション** —つながる心、英語は翼—
横手尚子・横山カズ 著

マナーの基本5原則、敬語の使い方、気持ちを伝える英語など、国際化時代に必要な、実践で役立つマナーの基本を紹介します。

858 **漱石先生の手紙が教えてくれたこと**
小山慶太 著

漱石の書き残した手紙は、小説とは違った感慨を読む者に与える。綴られる励まし、ユーモアは、今を生きる人にもエールとなるだろう。

859 **マンボウのひみつ**
澤井悦郎 著

光る、すぐ死ぬ、人を助けた、3億個産卵……数々の噂は本当か？ 捨身の若きハカセによって、怪魚の正体が、いま明らかに——。

［カラー頁多数］

860 **自分のことがわかる本** —ポジティブ・アプローチで描く未来—
安部博枝 著

「自分の強み」を見つける自分発見シートや「なりたい自分」に近づくプランシートなど実践的なワークを通して未来を描く自己発見マニュアル。

861 **農学が世界を救う！** —食料・生命・環境をめぐる科学の挑戦—
生源寺眞一・太田寛行・安田弘法 編著

くらしを豊かにし、自然環境を保全し、生き物たちの役に立つ——。地球全体から顕微鏡で見る世界まで、農学には可能性と夢がある！

862 **私、日本に住んでいます**
スベンドリニ・カクチ 著

日本に住む様々な外国人を紹介します。彼らはなぜ日本に住み、どんな生活をしているのでしょう？ 多文化共生のあり方を考えるヒント。

863 **短歌は最強アイテム** —高校生活の悩みに効きます—
千葉聡 著

熱血教師で歌人の著者が、現代短歌を通じて学校生活の様子や揺れ動く生徒たちの心模様を描く青春短歌エッセイ。短歌を通じて、高校生にエールを送る。

864
榎本武揚と明治維新
―旧幕臣の描いた近代化
黒瀧秀久

幕末・明治の激動期に「蝦夷共和国」を夢見て戦い、その後、日本の近代化に大きな役割を果たした榎本の波乱に満ちた生涯。

865
はじめての研究レポート作成術
沼崎一郎

図書館とインターネットから入手できる資料を用いた研究レポート作成術を、初心者にもわかるように丁寧に解説。

866
その情報、本当ですか？
―ネット時代のニュースの読み解き方
塚田祐之

ネットやテレビの膨大な情報から「真実」を読み取るにはどうすればよいのか。若い世代のための情報リテラシー入門。

867
〈知の航海〉シリーズ
ロボットが家にやってきたら…
―人間とAIの未来
遠藤　薫

身近になったお掃除ロボット、ドローン、AI家電…。ロボットは私たちの生活をどう変えるのだろうか。

868
司法の現場で働きたい！
―弁護士・裁判官・検察官
打越さく良
佐藤倫子 編

13人の法律家（弁護士・裁判官・検察官）たちが、今の職業をめざした理由、仕事の面白さや意義を語った一冊。

869
生物学の基礎はことわざにあり
―カエルの子はカエル？　トンビがタカを生む？
杉本正信

動物の生態や人の健康、遺伝や進化、そして生物多様性まで、ことわざや成句を入り口に生物学を楽しく学ぼう！

870 覚えておきたい 基本英会話フレーズ130　小池直己
基本単語を連ねたイディオムや慣用的フレーズを厳選して解説。ロングセラー『英会話の基本表現100話』の改訂版。

871 リベラルアーツの学び ―理系的思考のすすめ　芳沢光雄
分野の垣根を越えて幅広い知識を身につけるリベラルアーツ。様々な視点から考える力を育む教育の意義を語る。

872 世界の海へ、シャチを追え！　水口博也
深い家族愛で結ばれた海の王者の、意外な素顔。写真家の著者が、臨場感あふれる美しい文章でつづる。［カラー口絵16頁］

873 台湾の若者を知りたい　水野俊平
若者たちの学校生活、受験戦争、兵役、就活……、3年以上にわたる現地取材を重ねて知った意外な日常生活。

874 男女平等はどこまで進んだか ―女性差別撤廃条約から考える　山下泰子・矢澤澄子監修／国際女性の地位協会 編
女性差別撤廃条約の理念と内容を、身近なテーマを入り口に優しく解説。同時に日本の課題を明らかにします。

875 〈知の航海〉シリーズ 知の古典は誘惑する　小島毅 編著
長く読み継がれてきた古今東西の作品を紹介。古典は今を生きる私たちに何を語りかけてくれるでしょうか？

877・876 数学を嫌いにならないで
基本のおさらい篇
文章題にいどむ篇
ダニカ・マッケラー
菅野仁子訳

数学が嫌い？ あきらめるのはまだ早い。この本を読めばバラ色の人生が開けるかもしれません。アメリカの人気女優ダニカ先生が教えるとっておきの勉強法。苦手なところを全部きれいに片付けてしまいましょう。いつのまにか数学が得意になります！

878 10代に語る平成史
後藤謙次

消費税の導入、バブル経済の終焉、テロとの戦い…、激動の30年をベテラン政治ジャーナリストがわかりやすく解説します。

879 アンネ・フランクに会いに行く
谷口長世

ナチ収容所で短い生涯を終えたアンネ・フランク。アンネが生き抜いた時代を巡る旅を通して平和の意味を考えます。

880 核兵器はなくせる
川崎 哲

ノーベル平和賞を受賞したICANの中心にいて、核兵器廃絶に奔走する著者が、核の現状や今後について熱く語る。

881 不登校でも大丈夫
末富 晶

「学校に行かない人生=不幸」ではなく、「幸福な人生につながる必要な時間だった」と自らの経験をふまえ語りかける。

882 40億年、いのちの旅　伊藤明夫
40億年に及ぶとされる、生命の歴史。それをひもときながら、私たちの来た道と、これから行く道を、探ってみましょう。

883 生きづらい明治社会 ―不安と競争の時代　松沢裕作
近代化への道を歩み始めた明治とは、人々にとってどんな時代だったのか？　不安と競争をキーワードに明治社会を読み解く。

884 居場所がほしい ―不登校生だったボクの今　浅見直輝
中学時代に不登校を経験した著者。マイナスに語られがちな「不登校」を人生のチャンスととらえ、当事者とともに今を生きる。

885 香りと歴史　7つの物語　渡辺昌宏
玄宗皇帝が涙した楊貴妃の香り、織田信長が切望した蘭奢待など、歴史を動かした香りをめぐる物語を紹介します。

886 〈超・多国籍学校〉は今日もにぎやか！ ―多文化共生って何だろう　菊池　聡
外国につながる子どもたちが多く通う公立小学校。長く国際教室を担当した著者が語る、これからの多文化共生のあり方。

889 めんそーれ！　化学 ―おばあと学んだ理科授業　盛口　満
料理や石けんづくりで、化学を楽しもう。戦争で学校へ行けなかったおばあたちが学ぶ教室へ、めんそーれ(いらっしゃい)！

888・887
数学と恋に落ちて
未知数に親しむ篇
方程式を極める篇
ダニカ・マッケラー
菅野仁子 訳
将来、どんな道に進むにせよ、数学はあなたに力と自由を与えます。数学を研究し、女優としても活躍したダニカ先生があなたの夢をサポートする数学入門書の第二弾。式の変形や関数のグラフなど、方程式でつまずきやすいところを一気におさらい。

890
情熱でたどるスペイン史
池上俊一
長い年月をイスラームとキリスト教が影響しあって生まれた、ヨーロッパの「異郷」。衝突と融和の歴史とは？（カラー口絵8頁）

891
不便益のススメ
―新しいデザインを求めて
川上浩司
効率化や自動化の真逆にある「不便益」という新しい思想・指針を、具体的なデザイン、モノ・コトを通して紹介する。

892
ものがたり西洋音楽史
近藤 譲
中世から20世紀のモダニズムまで、作曲家や作品、演奏法や作曲法、音楽についての考え方の変遷をたどる。

893
「空気」を読んでも従わない
―生き苦しさからラクになる
鴻上尚史
どうしてこんなに周りの視線が気になるの？どうして「空気」を読まないといけないの？その生き苦しさの正体について書きました。

894 内戦の地に生きる　―フォトグラファーが見た「いのち」　橋本　昇
母の胸を無心に吸う赤ん坊、自爆攻撃した息子の遺影を抱える父親…。戦場を撮り続けた写真家が生きることの意味を問う。

895 ひとりで、考える　―哲学する習慣を　小島俊明
主体的な学び、探求的学びが重視されているなか、フランスの事例を紹介しながら「考える」について論じます。

896 「カルト」はすぐ隣に　―オウムに引き寄せられた若者たち　江川紹子
オウムを長年取材してきた著者が、若い世代に向けて事実を伝えつつ、カルト集団に人生を奪われない生き方を説く。

897 答えは本の中に隠れている　岩波ジュニア新書編集部編
悩みや迷いが尽きない10代。そんな彼らに、個性豊かな12人が、希望や生きる上でのヒントが満載の答えを本を通してアドバイス。

898 ポジティブになれる英語名言101　小池直己　佐藤誠司
プラス思考の名言やことわざで基礎的な文法を学ぶ英語入門。日常の中で使える慣用表現やイディオムが自然に身につく名言集。

899 クマムシ調査隊、南極を行く！　鈴木　忠
白夜の夏、生物学者が見た南極の自然とは？ 笑いあり、涙あり、観測隊の日常がオモシロい！〈図版多数・カラー口絵8頁〉

900 男子が10代のうちに考えておきたいこと　田中俊之
男らしさって何？　性別でなぜ期待される生き方や役割が違うの？　悩む10代に男性学の視点から新しい生き方をアドバイス。

901 カガク力《りょく》を強くする！　元村有希子
疑い、調べ、考え、判断する力＝カガク力！科学・技術の進歩が著しい現代だからこそ、一人一人が身に着ける必要性と意味を説く。

902 世界の神話　沖田瑞穂
個性豊かな神々が今も私たちを魅了する聖なる物語・神話。世界各地に伝わる神話のエッセンスを凝縮した宝石箱のような一冊。

903 「ハッピーな部活」のつくり方　中澤篤史　内田良
長時間練習、勝利至上主義など、実際の活動から問題点をあぶり出し、今後に続くあり方を提案。「部活の参考書」となる一冊。

904 ストライカーを科学する　―サッカーは南米に学べ！　松原良香
南米サッカーに精通した著者が、現役南米代表などへの取材をもとに分析。決定力不足を克服し世界で勝つための道を提言。

905 15歳、まだ道の途中　高原史朗
「悩み」も「笑い」もてんこ盛り。そんな中学三年の一年間を、15歳たちの目を通して瑞々しく描いたジュニア新書初の物語。

906 レギュラーになれないきみへ　元永知宏

スター選手の陰にいる「補欠」選手たち。果たして彼らの思いとは？ 控え選手たちの姿を通して「補欠の力」を探ります。

907 俳句を楽しむ　佐藤郁良

句の鑑賞方法から句会の進め方まで、季語や文法の説明を挟み、ていねいに解説。句作の楽しさ・味わい方を伝える一冊。

908 発達障害　思春期からのライフスキル　平岩幹男

「今のうまくいかない状況」をどうすれば「何とかなる状況」に変えられるのか。専門家がそのトレーニング法をアドバイス。

909 ものがたり日本音楽史　徳丸吉彦

縄文の素朴な楽器から、雅楽・能楽・歌舞伎・文楽、現代邦楽…日本音楽と日本史の流れがわかる、コンパクトで濃厚な一冊！

910 ボランティアをやりたい！　―高校生ボランティア・アワードに集まれ　風に立つライオン基金編　さだまさし

「誰かの役に立ちたい！」 各地でボランティアを行っている高校生たちのアイディアに満ちた力強い活動を紹介します。

911 オリンピック・パラリンピックを学ぶ　後藤光将編著

オリンピックが「平和の祭典」と言われるのはなぜ？ オリンピック・パラリンピックの基礎知識。

912 **新・大学でなにを学ぶか** 上田紀行 編著

大学では何をどのように学ぶのか？　池上彰氏をはじめリベラルアーツ教育に携わる気鋭の大学教員たちからのメッセージ。

913 **統計学をめぐる散歩道**
―ツキは続く？　続かない？
石黒真木夫

天気予報や選挙の当選確率、くじの当たり外れやじゃんけんの勝敗などから、統計のしくみをのぞいてみよう。

914 **読解力を身につける** 村上慎一

評論文、実用的な文章、資料やグラフ、文学的な文章の読み方を解説。名著『なぜ国語を学ぶのか』の著者による国語入門。

915 **きみのまちに未来はあるか？**
―「根っこ」から地域をつくる
除本理史
佐無田光

地域の宝物＝「根っこ」と自覚した住民によるまちづくりが活発化している。各地の事例から、未来へ続く地域の在り方を提案。

916 **博士の愛したジミな昆虫**
金子修治
鈴木紀之 編著
安田弘法

SFみたいなびっくり生態、生物たちの複雑怪奇なからみ合い。その謎を解いていくワクワクを、昆虫博士たちが熱く語る！

917 **有権者って誰？** 藪野祐三

あなたはどのタイプの有権者ですか？　社会に参加するツールとしての選挙のしくみや意義をわかりやすく解説します。

918 議会制民主主義の活かし方
―未来を選ぶために
糠塚康江

私達は忘れている。未来は選べるということを。必要なのは議会制民主主義を理解し、使いこなす力を持つこと、と著者は説く。

919 繊細すぎてしんどいあなたへ
HSP相談室
串崎真志

繊細すぎる性格を長所としていかに活かすかをアドバイス。「繊細でよかった!」読後にそう思えてくる一冊。

920 10代から考える生き方選び
竹信三恵子

10代にとって最適な人生の選択とは? 各選択肢が孕むメリットやリスクを俯瞰しながら、生き延びる方法をアドバイスする。

921 一人で思う、二人で語る、みんなで考える
―実践! ロジコミ・メソッド
追手門学院大学成熟社会研究所 編

課題解決に役立つアクティブラーニングの道具箱。多様な意見の中から結論を導くロジカルコミュニケーションの方法を解説。

922 できちゃいました! フツーの学校
富士晴英とゆかいな仲間たち

生徒の自己肯定感を高め、主体的に学ぶ場を作ろう。校長からのメッセージは「失敗OK!」「さあ、やってみよう」

923 こころと身体の心理学
山口真美

金縛り、夢、絶対音感——。様々な事例をもとに第一線の科学者が自身の病とも向き合って解説した、今を生きるための身体論。

924 過労死しない働き方 ―働くリアルを考える 川人 博
過労死や過労自殺に追い込まれる若い人を、どうしたら救えるのか。よりよい働き方・職場のあり方を実例をもとに提案する。

925 障害者とともに働く 藤井克徳 星川安之
「障害のある人の労働」をテーマに様々な企業の事例を紹介。誰もが安心して働ける社会のあり方を考えます。

926 人は見た目!と言うけれど ―私の顔で、自分らしく 外川浩子
見た目が気になる、すべての人へ!「見た目問題」当事者たちの体験などさまざまな視点から、見た目と生き方を問いなおす。

927 地域学をはじめよう 山下祐介
地域固有の歴史や文化等を知ることで、自分・社会・未来が見えてくる。時間と空間を往来しながら、地域学の魅力を伝える。

928 自分を励ます英語名言101 小池直己 佐藤誠司
自分に勇気を与え、励ましてくれるさまざまな先人たちの名句名言に触れながら、自然に英文法の知識が身につく英語学習入門。

929 女の子はどう生きるか ―教えて、上野先生! 上野千鶴子
女の子たちが日常的に抱く疑問やモヤモヤに、上野先生が全力で答えます。自分らしい選択をする力を身につけるための1冊。